Bernadette Menu

Vivre en Égypte ancienne

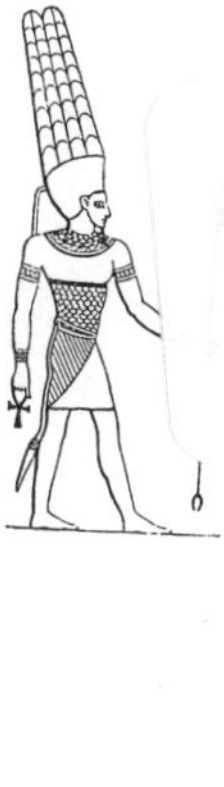

Découvertes Texto / Gallimard

Sommaire

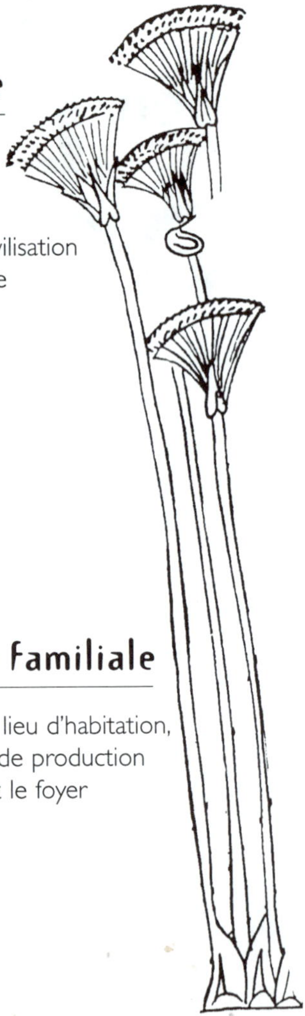

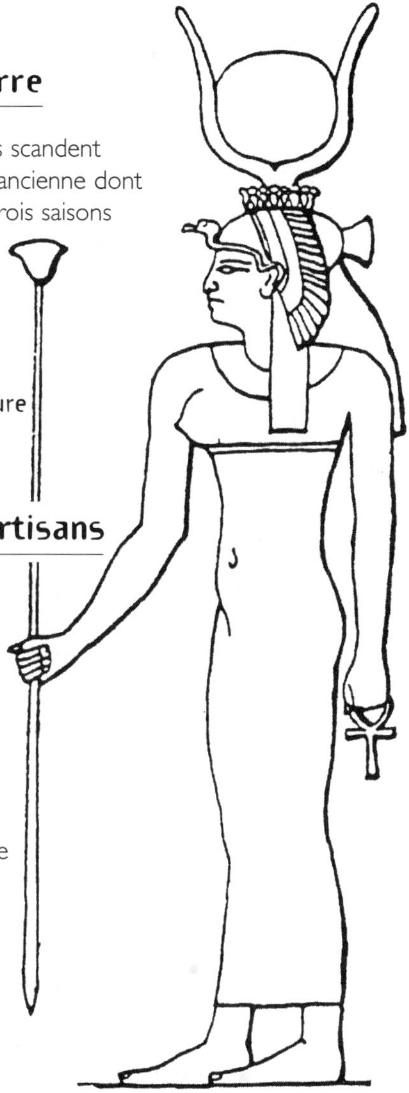

Les préoccupations journalières des anciens Égyptiens relèvent de l'éternelle condition humaine et rejoignent les nôtres : repas, soins en cas de maladie, travail, loisirs, éducation des enfants, fêtes.

Puissance « sekhem » et gouvernement « heqa » illustrent les deux volets de la fonction royale, selon la double action démiurgique du pharaon : repousser « isfet », la défaite, le désordre, la misère, amener « maât », la victoire, l'ordre, la prospérité.

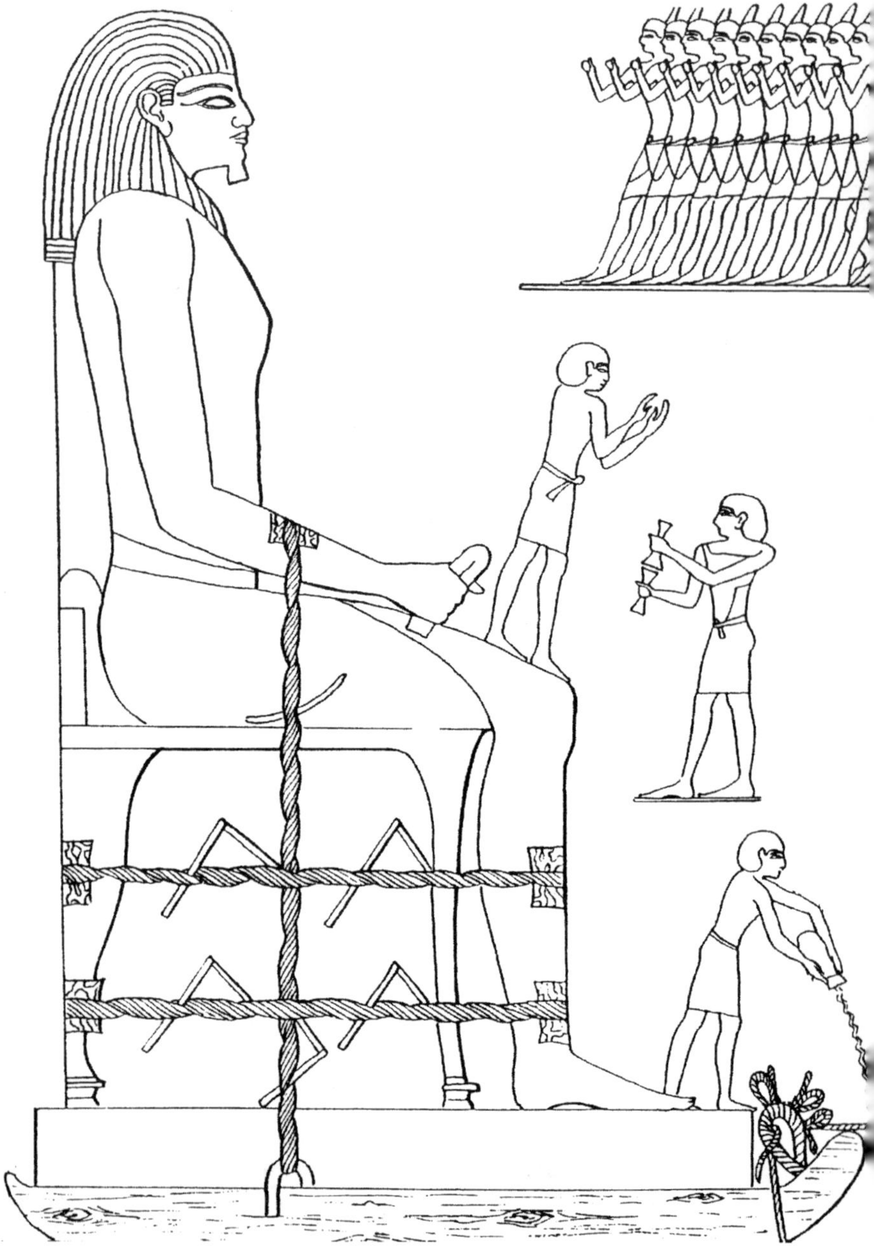

Le régime pharaonique est né voici plus de cinq mille ans. Au prix de crises surmontées et d'expansions successives, il s'est maintenu pendant une durée de trois millénaires, faisant éclore une civilisation originale et prestigieuse, celle de l'Égypte antique, qui a survécu pendant plusieurs siècles, jusqu'à la domination romaine, au modèle politique dont elle était issue.

La précocité, la longévité, l'homogénéité caractérisent la civilisation pharaonique, en dépit de transformations et d'évolutions internes qui n'en affectent pas vraiment l'essentiel : Anubis déguisé en légionnaire, à l'époque romaine, ne demeure-t-il pas le dieu fondamentalement lié à la conservation des corps pour permettre aux individus de défier la mort ? La longévité de cette civilisation, surtout si l'on prend en compte les prolongations un peu artificielles que l'on vient d'évoquer, est indissociable du contexte politique et idéologique qui la sous-tend. Le pouvoir pharaonique, incarné en la personne d'un seul roi, de plusieurs roitelets aux périodes de crise ou, lors des apogées, d'un roi-empereur, a généré un système politico-économique particulier, et nourri la civilisation en ses expressions religieuses, scientifiques, littéraires et artistiques.

Au Ve millénaire av. J.-C., la haute vallée du Nil, féconde et fertile comme un paradis terrestre, bordée à l'est et à l'ouest par une savane giboyeuse, abritait depuis longtemps des populations qui exploitaient les ressources naturelles : chasse, pêche, cueillette résumaient encore en grande partie leur activité économique. Au nord, la Basse-Égypte avait adopté les méthodes de domestication animale et végétale qui, depuis les VIIIe et VIIe millénaires, s'étaient imposées au Proche-Orient. Au IVe millénaire, une lignée de dynastes (la "Dynastie 0") installés à Hiérakonpolis, en Haute-Égypte, entreprit une politique de conquête dans le prolongement d'un système d'échanges dont les termes étaient à la fois économiques et symboliques : la supériorité artistique de la Haute-Égypte s'accompagna ainsi d'une extension de l'influence politique vers le nord.

Il revient à Narmer-Mény (ou Ménès), le pharaon fondateur de l'État (vers 3200), d'avoir su relier une organisation économique raisonnée de l'agriculture et de l'élevage à la proclamation d'une nouvelle idéologie. En effet, les dieux provinciaux garants de l'ordre local, puis auxiliaires de la victoire royale, sont supplantés sur les documents de Narmer par des symboles qui, aux quatre points cardinaux, insèrent la destinée royale dans un temps et un espace éternels, épousant les axes qui imposent leur évidence au territoire égyptien : la course solaire, d'est en ouest, et le cours du Nil, du sud au nord. Les dieux locaux ne sont pourtant pas évincés : aux périodes de crise, ils viendront, par le biais des pouvoirs provinciaux, relayer la monarchie défaillante.

Ainsi, le pharaon maîtrise la nature, il assimile les forces cosmiques et vitales. Par le rite et la construction de monuments sacrés, il amène à son pays la maât, c'est-à-dire la victoire, l'ordre, la prospérité ; par la guerre et la répression, mais aussi par la mise en valeur agricole, il repousse l'*isefet*, autrement dit les ennemis, le désordre, la misère. Cette trame idéologique va perdurer pendant tout le régime. La place de l'individu, face à ce pouvoir à la fois absolu et attentif aux besoins de tous, est définie par un contrat exprimé dès l'Ancien Empire dans les Textes des Pyramides : parce que le roi a restauré l'Égypte et l'a organisée, parce qu'il assure à ses habitants subsistance et protection, il peut exiger d'eux travail et obéissance. Aux époques impériales (Nouvel Empire), le pharaon règne sur un territoire qui s'étend de la Haute-Nubie aux rives de l'Euphrate ; les peuples soumis à son autorité protectrice lui doivent des tributs qui viendront enrichir davantage les habitants de l'Égypte.

La vie, en Égypte ancienne, fut conditionnée par un environnement et des facteurs naturels bénéfiques. Agriculture et élevage ont doté le pays dès la période archaïque d'une structure socio-économique stable, encore renforcée par le développement d'un artisanat important et habile. Très tôt (la place des scribes est déjà marquée sur les documents de Narmer), une bureaucratie omniprésente a géré les domaines et créé des hiérarchies de scribes et de comptables. Dans les villages se nouaient les relations vicinales et familiales, autour des sanctuaires où l'on vénérait d'anciennes divinités locales, tandis que, dans les grands temples des capitales, étaient élaborées des théologies savantes peu accessibles au peuple. Le sentiment religieux est très profond chez les anciens Égyptiens, leur croyance en la survie a en grande partie déterminé leurs activités terrestres, et ils assistent de loin aux grandes cérémonies rituelles qui garantissent la pérennité du régime.

C'est surtout grâce à leur espoir de survie après la mort que les anciens Égyptiens nous ont laissé de multiples témoignages d'une vie terrestre qu'ils espéraient poursuivre dans l'au-delà. Dans leurs demeures d'éternité ils ont représenté pour toujours ce qui faisait l'essentiel de leurs coutumes, de leurs joies, de leurs croyances. Ils y ont aussi conservé des objets de leur vie quotidienne, ainsi que des écrits qui, en raison des outrages du temps, nous sont souvent parvenus de manière fragmentaire : correspondance, comptabilités, contrats, traités théologiques, didactiques ou scientifiques, hymnes et prières, documents royaux et administratifs, mais aussi textes de fiction, romans, poésie. C'est l'éternelle condition humaine qui s'y exprime et, à leur lecture, une fraternité se crée, par-delà les millénaires, avec le peuple des bords du Nil.

1. L'environnement

Aenvironnement exceptionnel, civilisation exceptionnelle : la vallée du Nil abrite une flore et une faune extraordinaires, sur une terre limoneuse et fertile. Cette terre nourricière est à la base de l'organisation sociale et de la configuration agricole du pays.

Le voyageur qui pour la première fois découvre la campagne égyptienne ne peut manquer d'être frappé par la spécificité du paysage nilotique aux contrastes surprenants. La vallée luxuriante aux vertes cultures quadrillées de canaux et ombrées de palmiers s'oppose, sans transition aucune, suivant une ligne que l'on croirait tracée comme un sillon, au sable du désert dominé par les gébels parallèles au fleuve : montagnes libyques à l'ouest, chaîne arabique à l'est.

En dépit de l'évolution climatique subie au cours des millénaires (alternance des périodes humides et sèches, désertification au détriment de la savane), le paysage a peu changé depuis l'Antiquité, tout au moins dans la vallée : le delta, marécageux et hostile, n'a été aménagé que progressivement, surtout à la Basse Époque.

Très tôt, l'homme du Nil a reconnu les bienfaits de Hâpy, la crue fertilisante du fleuve. En revanche, le désert lui fait peur : c'est le domaine des morts, des esprits qui rôdent, des animaux malfaisants. Pour ne pas empiéter sur les champs, on bâtit les nécropoles aux marches du désert ; un monde inquiétant et mystérieux s'y crée à côté de celui des vivants. La mort, l'angoisse, la chaleur torride, la soif, les morsures de vipères et de scorpions sont associées à la seule vue du désert qui, en dépit des richesses minéralogiques qu'il renferme et qui furent convoitées dès la préhistoire, n'inspire que des souvenirs elliptiques dans les mentions inscrites sur les parois des carrières. Les anciens Égyptiens ont un terme particulier pour désigner le désert et les reliefs : le mot *khaset* englobe à la fois les franges désertiques où l'on chasse le gibier, le gébel plus lointain, et les pays étrangers qui se trouvent au-delà. C'est l'antithèse de la vallée cultivée, organisée, civilisée, en un mot l'Égypte, Kemet, "l'accomplie", mais aussi "la noire", couleur de la terre limoneuse (le noir n'est-il pas la somme de toutes les couleurs ?), par opposition au mot *deshret,* "rouge" (couleur considérée comme maléfique par les Égyptiens), qui à la fois qualifie le désert proprement dit et le nomme.

La "Chambre du monde", dans le temple solaire du pharaon Niouserrê (Ve dynastie) glorifie l'action créatrice du dieu-Soleil Rê, le démiurge. Les nomes (provinces) y sont figurés sous forme de personnages portant leur nom sur la tête, au-dessus d'un signe qui se lit *sepat* ("nome") et qui évoque un territoire agricole rectangulaire, quadrillé de canaux. L'Égypte, dès l'Ancien Empire, était divisée en quarante-deux nomes, vingt en Haute-Égypte et vingt-deux en Basse-Égypte. Ci-contre, le troisième nome de Basse-Égypte.

L'amour du pays

Conscient de la douceur et de l'exceptionnelle richesse naturelle de son pays, l'Égyptien est, de tout temps, très attaché à sa terre, à sa famille, à sa maison. Il éprouve de toutes ses fibres l'amour du sol natal, du village, de la maison familiale, à tel point que les plus grands crimes sont punis de bannissement. L'exil est durement vécu, ainsi qu'en témoigne l'histoire de Sinouhé : ce prince, installé en Syrie, manifeste un ardent désir de retourner en Égypte.

On trouve, dans les trésors littéraires légués par l'Égypte ancienne, de beaux textes qui glorifient Hâpy, la crue bienfaisante du Nil.

Adorer Hâpy
Salut à toi, Crue,
(celle) qui jaillit de la terre, qui vient pour faire vivre l'Égypte.
[...]
Maître(sse) des poissons. Tu conduis les oiseaux migrateurs vers le Sud ;
il n'est pas un oiseau qui revienne pendant la période des vents chauds.
(Celle) qui crée l'orge et fait naître le blé amidonnier ;
qui approvisionne richement les temples.
Lorsqu'elle tarde, alors le nez est bouché,
alors tout le monde est pauvre.
Lorsqu'on amoindrit les gâteaux d'offrandes des dieux,
alors des millions périssent parmi les hommes.
[...]
(Celle) qui apporte la nourriture, qui est fertile en aliments ;
qui crée toutes ses bonnes choses.
Maîtresse de la frayeur, au parfum suave :
on est content lorsqu'elle vient.
(Elle) qui fait naître les herbes pour le bétail ;
qui fournit à chaque dieu des victimes (de sacrifice).
Elle est dans le monde souterrain ; ciel et terre reposent sur ses étais ;
(elle) qui prend possession des Deux Terres ;

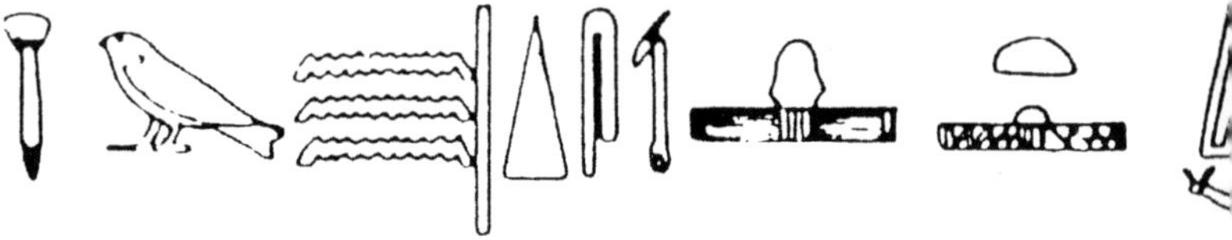

qui emplit les magasins et qui élargit les greniers;
qui donne des biens aux pauvres.
[...]
L'eau qui pénètre dans les collines, contre laquelle il n'existe pas de digue;
qui poursuit sa route sans qu'elle puisse être guidée.
Un groupe d'enfants l'accompagne;
on la salue comme un roi.
Celle dont le temps est fixé, qui vient à son temps,
quand elle emplit la Haute et la Basse-Égypte.
L'eau issue d'elle est bue par tous les hommes,
(elle) qui donne une surabondance de ses bienfaits.
[...]
(Celle) qui établit la vérité dans le cœur des hommes,
(car) ils racontent des mensonges après qu'ils sont devenus pauvres.
Qui se joint à la Très-Verte (la mer ou le delta du Nil),
lorsqu'il n'est pas exercé de contrôle le long de son eau.
(Celle) que tous les dieux louent;
qui veille à ce que les oiseaux reviennent de leur pays.
Il n'est personne dont la main tisse de l'or;
il n'est pas un homme qui s'enivre d'argent.
On ne mange pas de vrai lapis-lazuli;
l'orge est la base du bien-être!
Enfle-toi, Crue, afin qu'on t'apporte des offrandes,
afin qu'on immole pour toi des bovinés,
afin qu'on t'apporte une grande hécatombe,
afin qu'on engraisse pour toi des oiseaux. [...]

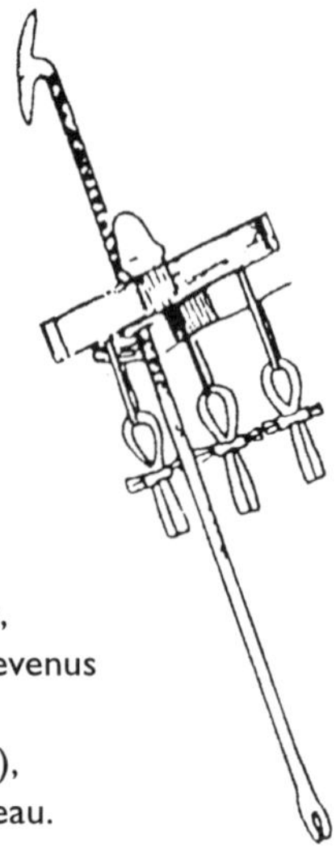

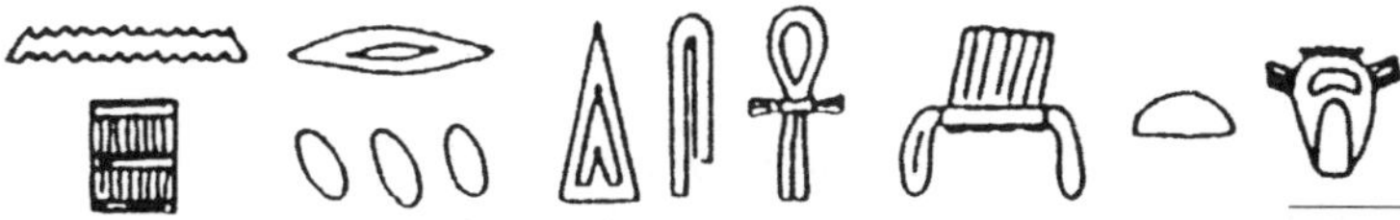

Son nom, on ne le connaît pas dans le monde souterrain ;
les dieux ne peuvent pas le divulguer.

Ô vous tous les hommes, exaltez l'Ennéade (les neuf dieux originels) ;
ayez peur devant l'effroi qu'elle inspire.
Agissez pour son fils, le Maître Universel,
qui fait verdir les Deux Rives.
Sois verte alors tu viendras, sois verte, alors tu viendras ;
Crue, sois verte, alors tu viendras !
Viens vers l'Égypte pour nourrir hommes et bétail
de tes produits champêtres.
Sois verte alors tu viendras, sois verte alors tu viendras !
Crue, sois verte alors tu viendras !
(Van Der Plas, *L'Hymne à la crue du Nil*)

Dans la "Chambre du monde", une procession de divinités anthropomorphes représente alternativement la mer (ou le delta du Nil ou toute grande étendue d'eau), la satisfaction, les céréales, la joie... (Ouadj-our, Hétépet, Néfer, Aout-ib, de gauche à droite ci-dessous). Ces entités sont source de vie, de paix, de possession (ou domination). Le sceptre vertical (*ouas*) est symbole de domination, tandis que la croix ansée (*ânkh*), trois fois répétée, exprime la plénitude de la vie. La frise de hiéroglyphes, au-dessus des personnages, explicite leur action de dispenser la vie et la possession de l'abondance.

Un Égyptien exilé, même volontairement, éprouve la nostalgie de son pays et n'est apaisé qu'à l'idée de le rejoindre pour y finir ses jours.

"Ordre royal pour le compagnon Sinouhé.

Vois, cet ordre du roi t'est apporté pour te faire savoir ce qui suit.

Tu as parcouru les pays étrangers, depuis Qédem jusqu'au Réténou : un pays te donnait à un autre pays, sous la seule impulsion de ton cœur à toi. Qu'avais-tu donc fait pour craindre qu'on fît quelque chose contre toi ? Tu n'avais pas blasphémé, de sorte qu'on eût à réprouver tes paroles. Tu n'avais pas dit de mal du Conseil des notables, de sorte qu'on eût à te reprocher tes propos. Cette détermination, elle s'était emparée de ton cœur, mais elle n'était pas dans mon cœur contre toi.

Cette reine, ton ciel, qui est dans le palais, elle est établie, elle est florissante aujourd'hui ; sa tête est couverte des insignes de la royauté du pays, et ses enfants sont dans les appartements royaux. Tu entasseras les richesses qu'ils te donneront, tu vivras de leurs largesses.

Reviens en Égypte pour que tu revoies la Cour où tu as grandi, pour que tu baises la terre devant la double grande porte (du Palais) et que tu te joignes aux amis. Car aujourd'hui tu as commencé à vieillir, tu as perdu la puissance virile.

Les navires égyptiens possédaient une voilure extrêmement simple : un carré formé de lés assemblés, en grosse toile ou en feuilles de palmier tressées. Le mât était placé au centre du bâtiment et retenu à la fois par une bigue qui l'étayait et, en général, par cinq haubans (ci-contre).

Pense au jour de l'enterrement, au passage à l'état de bienheureux. La nuit te sera alors assignée avec des huiles d'embaumement et des bandelettes provenant des mains de Tayet (la déesse du tissage). On te fera un cortège funèbre le jour de l'inhumation – une gaine en or, avec la tête en lapis-lazuli, un baldaquin étoilé au-dessus de toi qui auras été placé dans le sarcophage, des bœufs te traînant et des musiciens marchant devant toi. [...]

Non, tu ne mourras pas en pays étranger ; les Asiatiques ne te conduiront pas au tombeau ; on ne te mettra pas dans une peau de mouton et on ne te fera pas un simple tertre. C'est trop tard maintenant pour mener une vie errante. Songe à la maladie, et reviens."

Cet ordre m'arriva alors que je me tenais au milieu de ma tribu. On me le lut. Je me mis à plat ventre, je touchai du front la poussière et la fis se répandre sur mes cheveux. Je parcourus mon campement, poussant des cris et disant : "Comment pareille chose peut-elle être faite à un serviteur que son cœur a égaré vers des pays barbares ? Oui, vraiment, elle est bonne ta clémence, ô toi qui me sauves de la mort !"
(Lefebvre, *Romans et contes égyptiens,* "Roman de Sinouhé")

Le Nil, voie royale

D'un domaine à l'autre, d'un village à l'autre, les liens sociaux sont tissés et maintenus grâce aux routes et aux chemins, grâce surtout au fleuve et au réseau des canaux creusés dès l'époque archaïque à l'échelon local. Les ânes transportent les denrées du quotidien mais c'est en bateau que se font les déplacements les plus importants de biens et de personnes, à tel point que "ne pas avoir de bateau" constitue le comble de l'indigence. Du somptueux vaisseau royal à l'humble barque du pêcheur, toutes sortes d'embarcations peuplent les voies d'eau.

La route, la voie sont les métaphores de la bonne conduite individuelle, mais aussi du chemin tracé par le guide du pays, roi ou dieu suivant les époques : "être sur le chemin" ou "sur l'eau" (c'est-à-dire la voie d'eau) de l'un ou de l'autre signifie que

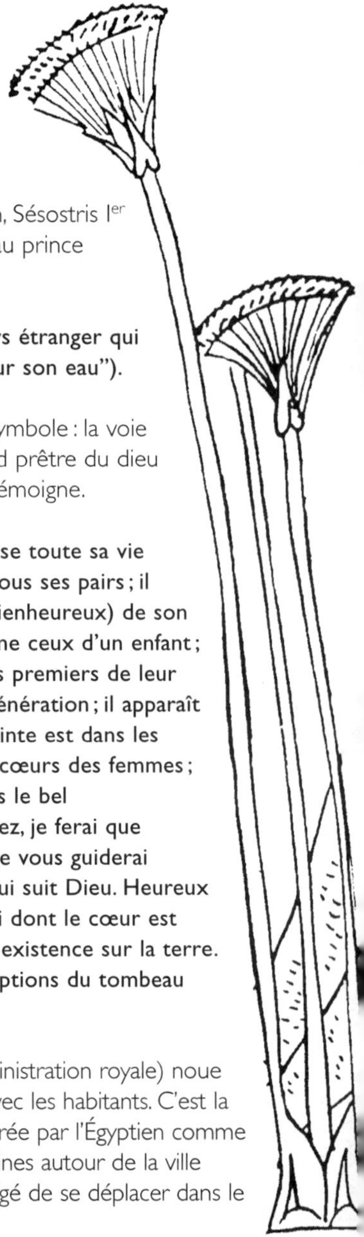

l'on respecte le droit instauré ou perpétué par l'un ou l'autre, droit royal ou droit coutumier.

Après avoir fait l'éloge du nouveau pharaon, Sésostris Ier (XIIe dynastie), Sinouhé l'Égyptien exilé dit au prince syrien Amounenchi :

Il ne manquera pas de bien traiter le pays étranger qui respectera sa loi (littéralement : "qui sera sur son eau").

La voie également a le sens profond d'un symbole : la voie d'eau est aussi voie divine. Pétosiris, le grand prêtre du dieu Thot à Hermopolis (IVe siècle av. J.-C.), en témoigne.

Celui qui adhère à la voie de Dieu, il passe toute sa vie dans la joie, comblé de richesses plus que tous ses pairs ; il vieillit dans sa ville ; il est un *imakhou* (un bienheureux) de son nome ; tous ses membres sont jeunes comme ceux d'un enfant ; ses enfants sont devant lui, nombreux et les premiers de leur ville, et ils se succèdent de génération en génération ; il apparaît comme le disque solaire à son lever ; sa crainte est dans les cœurs des hommes et son amour dans les cœurs des femmes ; il parvient à la nécropole en allégresse, dans le bel embaumement du travail d'Anubis [...]. Venez, je ferai que vous soyez instruits des volontés de Dieu. Je vous guiderai vers la voie de vie, la bonne voie de celui qui suit Dieu. Heureux celui que son cœur conduit vers elle ! Celui dont le cœur est ferme sur la voie de Dieu, affermie est son existence sur la terre. (Lefebvre, *Le Tombeau de Pétosiris,* "Inscriptions du tombeau de Pétosiris")

Cependant, la "Résidence" (le siège de l'administration royale) noue des liens plus ou moins lâches, voire fictifs, avec les habitants. C'est la province, le "nome", qui est souvent considérée par l'Égyptien comme son vrai pays, organisé avec villages et domaines autour de la ville principale. Si, pour diverses raisons, il est obligé de se déplacer dans le pays, de résider dans des circonscriptions parfois éloignées les unes des autres, l'Égyptien revient toujours vers le nome pour y être enterré.

(Idou) dit : Je suis venu de ma ville, c'est que je suis descendu de mon nome (vers la nécropole). J'ai accompli la justice pour son seigneur, c'est que j'ai satisfait Dieu par ce qu'il aime. J'ai dit le bien, j'ai répété le bien ; j'ai dit la vérité, j'ai accompli la justice ; j'ai donné du pain à celui qui avait faim, des vêtements à celui qui était nu, j'ai respecté mon père, j'ai possédé l'affection de ma mère en ce sur quoi j'avais autorité. Je n'ai jamais rien dit de mauvais, de méchant ou malin contre personne, parce que je désirais le bonheur d'être *imakhou* auprès du dieu (local) et auprès des hommes, à jamais.
(Roccati, *La Littérature historique sous l'Ancien Empire égyptien*)

La déesse Hathor, sous sa forme de vache nourricière, apparaît derrière un fourré de papyrus. Elle tient entre ses cornes le disque solaire flanqué de deux plumes d'autruche, et porte au cou le collier-*menat*, un de ses attributs.

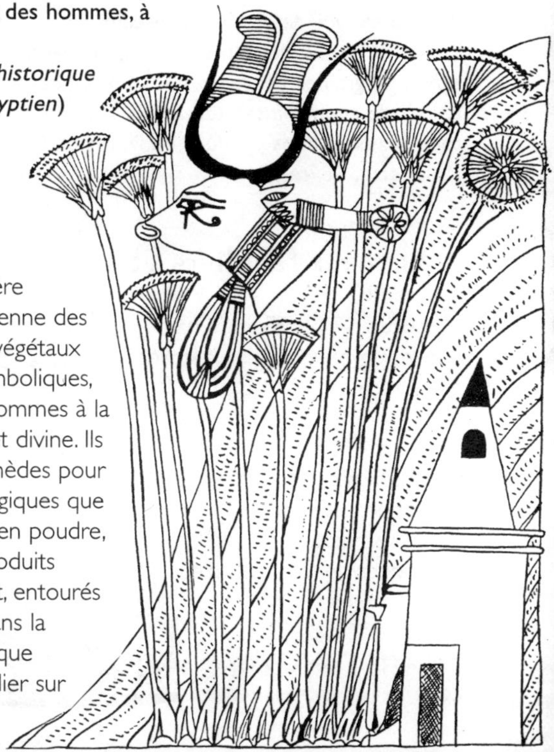

Des pierres et des plantes

La création tout entière participe à la vie quotidienne des Égyptiens : minéraux et végétaux ont des significations symboliques, bien plus ils relient les hommes à la réalité cosmique, vitale et divine. Ils sont utilisés dans les remèdes pour leurs propriétés tant magiques que réelles : pierres réduites en poudre, extraits de plantes et produits d'origine animale entrent, entourés de "paroles à réciter", dans la pharmacopée. La botanique exerce un attrait particulier sur l'esprit curieux des Égyptiens : les compilateurs d'*onomastica* (sortes d'inventaires de l'univers connu) dressent des listes impressionnantes d'animaux et de végétaux.

L'auteur du *Conte de l'Oasien*, fiction célèbre décrivant les aventures d'un paysan, prend plaisir à énumérer des produits et des plantes dont l'exotisme fera rêver son lecteur.

Khounanoup descend donc vers l'Égypte, après avoir chargé ses ânes de roseaux, de plantes *redemet*, de natron, de sel, de bois, notamment de bois *ânout* de l'oasis de Farafra, de peaux de panthères, de fourrures de loups, de plantes *nesha*, de pierres *âounet*, de plantes *tenem*, de plantes *kheperour*, de [...] *sabout*, de graines *saksout*, de plantes *misout*, de pierres *senet*, de pierres *âba*, de plantes *ibsa*, de plantes *inbi*, de pigeons, d'oiseaux *nârou*, d'oiseaux *ougès*, de plantes *ouben*, de plantes *tebes*, de graines *gengenet*, de "cheveux-de-la-terre", de graines *inset*, (bref), une quantité de tous beaux et bons produits de l'oasis du Sel. (Lalouette, *Textes*, I)

Les artistes égyptiens ont été, de tout temps, d'excellents animaliers. Ils ont illustré fables et saynètes dont les protagonistes semblent les ancêtres de nos dessins animés : ci-dessous, Dame Souris se fait coiffer et servir par la gent féline.

Animaux familiers et sacrés

Aucun peuple n'aura, autant que les Égyptiens, observé, craint et respecté les animaux. Dieux théromorphes (revêtant des formes animales), momies innombrables de chats, d'ibis, de faucons, de crocodiles et autres manifestations spécifiques de tel ou tel dieu, les animaux sont extrêmement présents, tant au plan des croyances comme lien entre la réalité

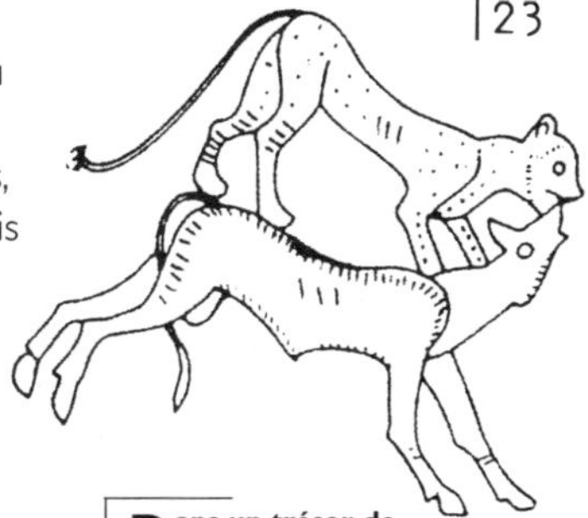

sensorielle et le monde invisible qu'à celui du quotidien dans la relation affective qui unit l'homme à ses meilleurs compagnons : chiens, chats, plus tard (XVIIe-XVIe siècle) chevaux, mais aussi espèces diverses apprivoisées et domestiquées avec plus ou moins de succès (à l'Ancien Empire, hyènes, par exemple).

Dans un trésor de la XIXe dynastie, exhumé à Tell-Basta au début de ce siècle, figurait un pot en or et en argent, sur le col duquel est gravée une double frise, en partie reproduite aux pages suivantes. Ci-dessus, un guépard s'empare d'un jeune veau.

Voici l'épitaphe qu'un roi fit composer pour son lévrier préféré, momifié à l'instar d'un noble personnage et pourvu de tout un appareil funéraire.

Lévrier qui fit la garde pour Sa Majesté, appelé Aboutiou. Sa Majesté ordonna qu'il soit enterré, et qu'on lui fournisse un cercueil (provenant) du Trésor, de l'étoffe rituelle, de l'encens et de l'huile sacrée en grande quantité. Sa Majesté fit bâtir un mastaba par l'équipe des constructeurs de tombes. Sa Majesté lui fit cela conformément à sa condition d'*imakhou.* (Roccati, *Littérature*)

Les animaux sont les héros de saynètes et de fables dont certaines sont parvenues jusqu'à nous, telle celle du lion et du rat que l'on trouve dans un conte mythique tardif, rédigé en démotique, l'écriture courante à partir du VIIe siècle av. J.-C. et à l'époque gréco-romaine.

Il arriva qu'un lion allait, cherchant l'homme. Et un petit rat apparut entre ses pattes, d'aspect bien faible et né depuis peu. Comme le lion allait le fouler aux pieds, le rat lui dit : "Ne me foule pas aux pieds, ô Monseigneur lion ; si tu me manges tu ne seras pas rassasié et si tu me laisses partir, tu n'auras même plus envie de me

manger. Si tu me donnes mon souffle en cadeau, moi je te donnerai le tien une autre fois. Si tu m'épargnes et ne me détruis pas, je te ferai sortir de ta propre destruction, et te ferai échapper à ton malheur." Le lion se rit du rat en disant : "Qu'est-ce que tu feras, finalement ?" mais celui-ci lui jura et dit : "Je te ferai échapper au malheur quand, quelque mauvais jour, il s'abattra sur toi." Le lion considéra ce qu'avait dit le rat comme une plaisanterie et pensa : "Si je le mange, je ne serai pas rassasié, c'est vrai." Et il le laissa partir. Il advint qu'un chasseur plaça un piège pourvu d'un filet, après avoir creusé une fosse devant le lion. Le lion tomba dans la fosse et fut aux mains de l'homme. Il le mit dans le filet ; ils l'attachèrent avec des sangles sèches et le lièrent avec des sangles fraîches. Et ainsi il fut abandonné dans le désert et il était tout triste. Quand vint la septième heure de la nuit, le destin voulut que se réalisât l'ironie des paroles prononcées par le lion, et il fit apparaître le petit rat devant le lion. Celui-ci dit : "Tu ne me reconnais pas ? Je suis le petit rat à qui tu as accordé le souffle en cadeau et je suis venu aujourd'hui

D'influence proche-orientale tant dans l'inspiration que dans la réalisation (animaux mythiques, arbres de vie, présence des rosaces), le registre supérieur de cette frise montre un griffon ailé, et des groupes d'animaux séparés les uns des autres par des compositions végétales et florales stylisées. Sur le fragment reproduit (en bas), on reconnaît aussi un lion égorgeant un capriné qu'il a chargé sur son dos. Au registre inférieur sont représentées des scènes typiquement égyptiennes de pêche et de chasse dans les marécages ; parmi les ombelles de papyrus, des canards sauvages sont capturés au moyen d'un filet hexagonal.

pour t'en donner ta récompense : je vais te sauver du malheur dans lequel tu es tombé. Car accomplir de bonnes actions est utile à celui qui les accomplit." Et aussitôt le petit rat fit aller sa mâchoire sur les liens du lion. Il tailla les sangles sèches et rompit les sangles fraîches dont il était lié, tant qu'il y en eut, et fit sortir le lion de ses liens. Le rat se cacha dans sa crinière et il le transporta au désert. (Catalogue *Naissance de l'écriture*, "Mythe de l'œil du Soleil")

La complicité entre l'homme et ses bêtes familières est illustrée par un conte du Nouvel Empire dans lequel les vaches préviennent leur bouvier de l'embuscade qui le menace.

Or, quand le soleil se coucha, le frère cadet se chargea de toutes les herbes des champs, selon sa coutume de chaque jour, puis il revint. Lorsque la vache de tête entra dans l'étable, elle dit à son pâtre : "Attention ! Ton frère aîné se tient là, t'attendant avec sa lance pour te tuer. Éloigne-toi de lui." Il comprit ce que disait sa vache de tête. L'autre vache entra et parla de même. Alors il regarda sous la porte de son étable et il aperçut les pieds de son frère aîné qui se tenait derrière la porte, sa lance en main. Il déposa son fardeau sur le sol et il se mit à courir pour fuir.
(Lefebvre, *Romans et contes*, "Conte des deux frères")

Habiter

Très lié à son milieu, sédentaire méprisant les "parcoureurs du sable" (c'est-à-dire les nomades, et particulièrement les Bédouins), l'ancien Égyptien a bien entendu privilégié son habitation, qu'il s'agisse de palais luxueux ou de simples maisons villageoises.

Les administrateurs provinciaux disposent de demeures à la campagne.

Le domaine, large de deux cents coudées et long de deux cents coudées, est construit, enclos, équipé en beau bois ; un très grand jardin y a été créé, des figuiers et des arbres fruitiers ont été plantés [...] ainsi qu'un grand vignoble produisant beaucoup de vin.
(Goedicke, *Die Privaten Rechtsinschriften*, "Inscription de Metjen")

C'est toutefois à la construction de leur tombeau que les nobles et les artisans aisés consacraient la plus grande part de leurs ressources.

J'ai construit cela (le tombeau) par faveur de mon roi. J'ai fait en sorte que les artisans qui y ont travaillé dans la nécropole contre rémunération, rendent grâces pour l'Inspecteur des affaires du Grenier, le Directeur des mesureurs de grains, Tefkhaÿ. (*Ibid.*, "Inscription de Tefkhaÿ")

Les maisons villageoises étaient bâties en briques séchées, mais pour les tombes on employait la pierre, matériau durable.

On me construisit une pyramide en pierre au milieu des pyramides. Le chef des tailleurs de pierres de pyramide s'empara du terrain qui lui était réservé, le chef des dessinateurs y dessina, le chef des sculpteurs y sculpta, les directeurs des travaux attachés à la nécropole s'en occupèrent. Tout le mobilier qu'on a coutume de placer dans le caveau d'une tombe, on prit soin de le placer dans le mien. Des serviteurs du *ka* me furent assignés ; on me constitua un domaine funéraire, renfermant des terres cultivées, en face de ma tombe, ainsi qu'on fait pour un ami du premier rang. Ma statue était plaquée d'or, avec une jupe en or fin : c'est Sa Majesté qui l'avait fait faire. Il n'y a pas d'homme du commun pour qui on en ait fait autant. Et j'ai été l'objet des faveurs royales jusqu'à ce que vînt le jour du trépas.

(Lefebvre, *Romans et contes*, "Roman de Sinouhé")

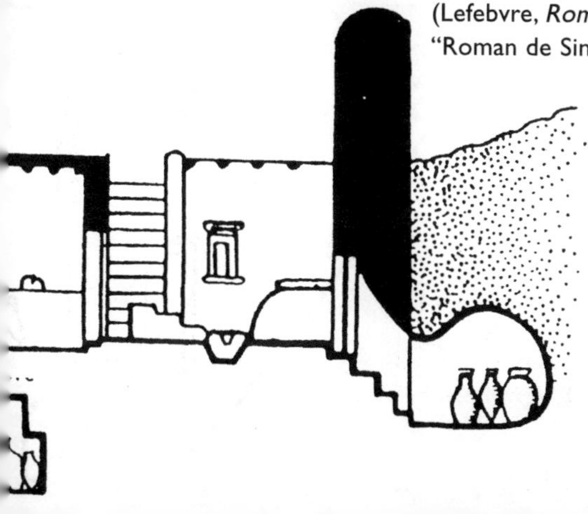

Les maisons du village d'artisans de Deir al-Medîna étaient serrées les unes contre les autres. Elles comportaient une enfilade de pièces à partir de la rue. De gauche à droite : vestibule, entrée, salle commune soutenue par une colonne, chambre et terrasse accessible par un escalier.

2. L'amour et la vie familiale

La maison n'est pas seulement un lieu d'habitation, le point physique d'ancrage sur le sol natal, c'est l'endroit où l'on se rencontre entre parents, amis et voisins, c'est aussi une unité économique de production et de consommation, et c'est surtout le foyer de la vie familiale. Le mariage résulte de la cohabitation, la maison en est le cadre à la fois réel et symbolique. La formule même du mariage est : "entrer dans la maison" (du fiancé) ; "demeurer ensemble" signifie qu'on est mari et femme.

Les "Chants d'amour", poèmes accompagnés de musique, décrivent alternativement les hésitations, les émois, les aspirations, les attentes du jeune homme et de la jeune fille, les allées et venues de l'un puis de l'autre autour de la maison de l'être aimé dans l'espoir d'une rencontre, jusqu'au stade dernier de l'évolution amoureuse, celui où la jeune fille entre dans la maison de son soupirant, c'est-à-dire jusqu'aux épousailles.

Nous pouvons admirer dans les musées ainsi que dans les tombeaux d'Égypte de nombreuses représentations de couples, en ronde bosse, en relief et en peinture ; beaucoup de grâce en émane, de la tendresse, une grande pudeur aussi ; il existe certes divers erotica, un papyrus illustré quelque peu égrillard mais, sur les images destinées à l'éternité, les rapports sexuels sont seulement suggérés par des signes, des gestes codés, ainsi le port par la femme d'une lourde perruque parfumée est-il une invitation à l'amour ; la présence d'un caneton auprès du couple, la proximité de la mandragore, la tenue à la main d'une fleur de lotus indiquent l'imminence d'un "jour heureux", tandis que la laitue symbolise la virilité.

Le droit matrimonial, tel qu'il nous est connu surtout à partir du Nouvel Empire, apparaît d'une surprenante modernité : la rupture du lien conjugal est une possibilité offerte à la femme et peut résulter tout aussi bien de son initiative que de celle du mari. Par comparaison avec les textes juridiques de l'Antiquité classique, les femmes de l'Antiquité égyptienne jouissaient d'une condition exceptionnellement favorable et d'une grande considération. La femme n'avait besoin d'aucune autorisation pour contracter, ester ou tester en justice, gérer ses biens, etc.

Dans les classes moyennes, et bien qu'aucune interdiction ne nous soit parvenue à ce sujet, la règle générale est l'observance du mariage monogame et exogame. Chez les nobles et dans la famille royale, on connaît en revanche des cas de polygamie et de mariages consanguins, pour des raisons évidentes d'héritage, par le sang, des biens et des fonctions, et de concentration dans la transmission des droits.

Les enfants font la joie des Égyptiens qui les chérissent tendrement ; petits garçons et petites filles sont très souvent représentés avec leurs parents : bambins nus aux cheveux attachés en une grosse boucle sur le côté du visage (la "mèche de l'enfance"), suçant non le pouce, mais l'index ; ils sont choyés, font l'objet de soins attentifs et reçoivent des jouets, animaux en bois à la mâchoire articulée, balles en tissu sur une armature de roseau ou poupées de chiffon dont on a retrouvé plusieurs exemplaires. Dès sa naissance, l'enfant porte un nom en rapport avec le dieu auquel il est voué, censé le protéger toute sa vie : Pa-di-Ousir, par exemple, Pétosiris selon une phonétique grécisée, signifie "Celui que donne Osiris". Cet événement a une importance toute particulière, car le nom est un des principaux éléments constitutifs de la personnalité, à tel point que priver quelqu'un de son nom équivaut à lui fermer les portes de l'éternité : dire le nom d'un défunt, c'est symboliquement lui rendre vie. À certaines époques, on reçoit un deuxième nom, le "beau nom", le surnom ou nom d'usage.

Les enfants héritent successivement de la part respective de chacun des parents. Ces règles toutefois s'appliquent en l'absence de toute disposition particulière : on peut, par testament, avantager l'un ou l'autre de ses enfants, et même déshériter certains d'entre eux.

Le couple royal formé par Akhénaton (Amenhotep IV) et Néfertiti s'est fait volontiers représenter dans l'intimité familiale, en la seule présence d'Aton, le disque solaire reconnu par le pharaon comme la divinité universelle. Le dieu dispense la vie (le signe *ânkh*) au bout de ses rayons supérieurs terminés par des mains. À gauche, Akhénaton embrasse une de ses filles, tandis que deux autres petites princesses jouent sur les genoux de Néfertiti. L'époque amarnienne (du nom de Tell al-Amarna, la capitale) a généré un art fait de douceur, de réalisme et d'amour de la nature.

Le sentiment amoureux

L'amour est un élan vital, certes, mais son accomplissement ne répond pas à la seule recherche du plaisir. Il se justifie dans un contexte social et en vue de créer une famille, conformément au vouloir divin exprimé par la déesse Hathor (la "Déesse d'Or") qui préside à l'amour. Le discours amoureux s'articule autour de deux pôles : la maison du "frère" et celle de la "sœur". Ces termes ne doivent pas tromper ; le mariage consanguin est réservé à la famille royale ; les mots "frère" et "sœur" utilisés dans les Chants d'amour évoquent une relation intime et affectueuse préludant aux rapports de couple, présumant un attachement durable dans les liens du mariage et dans la recherche harmonieuse d'une identité de caractère et de comportement : "Je suis pareille à lui", dit la "sœur" éprise du "frère".

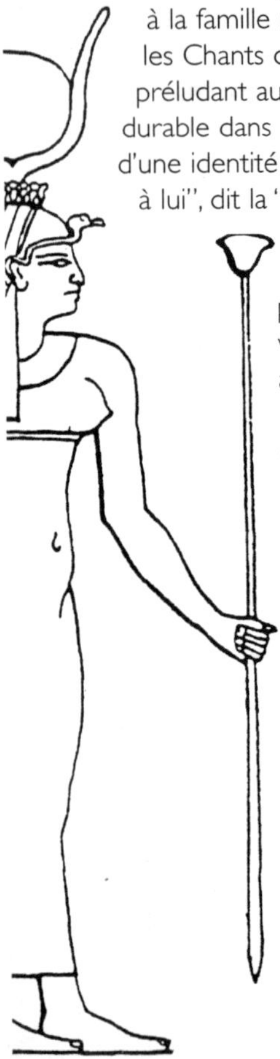

Un Chant d'amour en sept strophes décrit le parcours amoureux. Les strophes égrènent leurs vers et chacune vient s'ajouter à la précédente à la manière d'une comptine.

DEBUT des paroles de la grande dispensatrice
de divertissement.
(LUI) L'UNIQUE, la sœur, sans égale,
la plus belle de toutes !
Elle ressemble à l'Étoile, celle qui paraît
au début d'une belle année.
Sa perfection est éclatante, son teint resplendissant,
charmant est le regard de ses yeux.
Sucré est le parler de ses lèvres,
chez elle, pas un mot de trop.
Sa nuque est haute, sa poitrine resplendissante,
ses cheveux : du vrai lapis-lazuli.
Son bras l'emporte sur l'or,
ses doigts sont comme des boutons de lotus.
Sa croupe est pesante, et sa taille resserrée,
si bien que ses hanches prolongent sa beauté,

Si noble son allure lorsqu'elle marche sur le sol
qu'elle ravit mon cœur par sa démarche,
Qu'elle fait que les nuques de tous les hommes
restent tournées pour la voir !
Quiconque l'enlacera se réjouira,
car il sera le premier des amoureux.
On la voit sortir majestueusement
comme la Divine, L'UNIQUE.

Stance DEUXIÈME
(ELLE) LE FRÈRE bouleverse mon cœur de sa voix,
si bien qu'il fait que la maladie me prenne.
Il est voisin de la maison de ma mère,
mais je ne saurais aller vers lui.
Ma mère aurait raison de me commander ainsi :
"Abandonne cette idée !"
Vois, mon cœur est irrité à son souvenir
depuis que son amour m'a ravie,
Vois, c'est un insensé,
bien que moi, pourtant, je sois pareille à lui.
Le frère ne sait pas mon désir de l'enlacer
mon désir qu'il envoie un message à ma mère.
Frère, oui, je te suis assignée
par la Déesse d'Or, Dame des femmes !
Viens à moi que je voie ta beauté
et père et mère se réjouiront ;
Tous mes gens t'acclameront à l'unisson,
c'est toi qu'ils acclameront, FRÈRE !
(Mathieu, *La Poésie amoureuse de l'Égypte ancienne*)

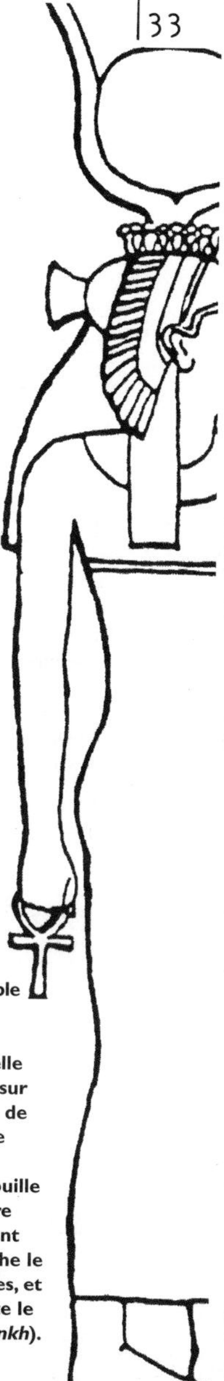

La déesse Hathor, maîtresse du temple de Dendara, est figurée ici sous sa forme humaine ; elle porte néanmoins sur la tête des cornes de vache enserrant le disque solaire, au-dessus d'une dépouille de vautour, coiffure des reines. Elle tient dans la main gauche le sceptre des déesses, et dans la main droite le symbole de vie (*ânkh*).

Le mariage

Aucune cérémonie particulière, aucune consécration religieuse ne célébrait le mariage dans les classes moyennes de la société, mais une fête familiale réunissait parents et amis autour d'agapes; on offrait des cadeaux aux jeunes mariés, puis l'on se recueillait devant les mânes des ancêtres. Dès le Nouvel Empire (milieu du IIe millénaire avant notre ère), des coutumes établies définissent les règles de l'apport, de la gestion et du partage des biens entre époux; chacun conserve et administre ses biens propres. À partir du VIIe siècle avant notre ère, on prend l'habitude, dans certains milieux proches des temples et du clergé, de rédiger devant notaire et en présence de témoins un contrat de mariage pour régler la situation matérielle et financière des époux, tant au cours du mariage qu'en cas de rupture.

Une des clauses stipule que le mari devra à la femme un tiers, parfois la moitié, de ses biens en cas de dissolution du mariage.

Je te donnerai la moitié de ce que je possède et de ce que j'acquerrai avec toi, à partir de ce jour et dorénavant.
(Pestman, *Marriage and Matrimonial Property in Ancient Egypt*)

Bien que courant, le divorce peut dans certains cas susciter la réprobation, ainsi le serment prêté par ce gendre sous la pression de son beau-père.

Si je répudie la fille de Tinermontou, je recevrai cent coups de bâton, et je perdrai tous les acquêts de la communauté.
(Allam, *Méditerranées*, 6/7)

De même, un père peut venir en aide à sa fille divorcée.

Tu es ma bonne fille. Si l'ouvrier Baqui te renvoie du domicile conjugal [...], tu pourras habiter dans ma maison, puisque c'est moi qui l'ai construite. Alors, personne ne pourra t'en chasser.
(*Ibid.*)

Jusque sous la dynastie des Ptolémées, le mariage entre frères et sœurs se pratique dans la famille royale.

Je m'appelle Ahouri, fille du roi Mînibptah, et celui que tu vois là, à côté de moi, est mon frère Noferképtah. Nous sommes nés d'un même père et d'une même mère, et nos parents n'avaient point d'autres enfants que nous. Quand vint l'âge de me marier, on m'amena devant le roi, au moment de se divertir : j'étais très parée, et l'on me trouva belle. Le roi dit : "Voici qu'Ahouri, notre fille, est déjà grande, et le temps est venu de la marier. Avec qui marierons-nous Ahouri, notre fille ?" Or j'aimais Noferképtah, mon frère, extrêmement, et je ne désirais d'autre mari que lui. Je le dis à ma mère, elle alla trouver le roi Mînibptah, elle lui dit : "Ahouri, notre fille, aime son frère Noferképtah : marions-les ensemble, comme c'est la coutume". Quand le roi entendit toutes les paroles que ma mère avait dites, il dit : "Tu n'as eu que deux enfants, et tu veux les marier l'un à l'autre ? Ne vaut-il pas mieux marier Ahouri avec le fils d'un général d'infanterie et Noferképtah avec la fille d'un autre général d'infanterie ?". Elle dit : "Est-ce toi qui me repousses ? Si je n'ai pas d'enfants après ces deux enfants-là, n'est-ce pas la loi de les marier l'un à l'autre ? Je marierai (donc) Noferképtah avec la fille d'un chef de troupes, et Ahouri avec le fils d'un autre chef de troupes, comme il arrive souvent dans notre famille". Quand ce fut le moment de se divertir devant le roi, voici, on vint me chercher, on m'amena au divertissement, j'étais très parée, mais je n'avais plus ma mine de la veille, car le roi ne me dit-il pas : "N'est-ce pas toi qui as envoyé (ta mère) vers moi pour ces paroles de désobéissance : "Que je me marie avec Noferképtah, mon frère aîné" ? Je lui dis : "Eh bien ! Qu'on me marie avec le fils d'un général d'infanterie, et qu'on marie Noferképtah avec la fille d'un autre général d'infanterie, comme cela est arrivé souvent dans notre famille !". Je ris, le roi rit, le roi dit au chef de la maison royale : "Qu'on emmène

Les laitues (des "romaines") qui accompagnent en général les représentations de Min, dieu de la Fécondité originaire de Coptos, confirment symboliquement la virilité de ce dieu.

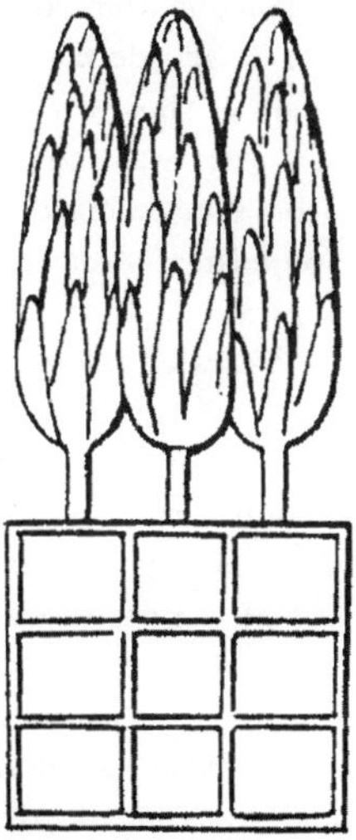

Ahouri à la maison de Noferképtah pendant cette nuit. Qu'on emporte toutes sortes de beaux cadeaux avec elle!"
(Du Bouguet, *Contes de la vallée du Nil*)

Si l'adultère est un grave délit, il n'est toutefois pas puni de mort. Un conte du Nouvel Empire, paré des caractères du merveilleux, narre un drame d'adultère survenu entre deux frères.

Et après beaucoup de jours ensuite de cela, alors qu'ils étaient aux champs et qu'ils manquaient de semences, l'aîné envoya son frère cadet, en disant: "Va nous chercher des semences au village." Son frère cadet trouva la femme de son frère aîné qu'on était en train de coiffer. Alors il lui dit: "Lève-toi, afin que tu me donnes des semences et que je coure aux champs, car mon frère aîné m'attend. Ne tarde pas." Elle lui répondit: "Va, ouvre le grenier et emporte toi-même ce que tu désires, de sorte que ma coiffure ne reste pas en plan."

Le jeune homme entra alors dans son étable, d'où il rapporta une jarre de grande taille, ayant l'intention de prendre beaucoup de semences; il se chargea d'orge et de blé et il sortit, les portant. Elle lui dit: "Quel est le poids de ce qui est sur ton épaule?" Il lui répondit: "Trois sacs de blé, deux sacs d'orge, total cinq, voilà ce qu'il y a sur mon épaule." Ainsi lui dit-il, mais elle lui adressa de nouveau la parole: "Il y a en toi une grande force et je vois ta vigueur chaque jour." Et elle désira de le connaître en connaissance d'homme. Elle se leva donc, elle le saisit et lui dit: "Viens, passons une heure ensemble, couchons-nous: tu en tireras profit, car je te ferai de beaux vêtements." Alors le jeune homme devint comme un léopard qui entre en rage, à cause des vilains propos qu'elle lui avait tenus, et elle eut peur, très peur. Alors il lui parla en ces termes: "Eh quoi! tu es pour moi comme une mère, ton mari est pour moi comme un père; et lui mon aîné, c'est lui qui m'a élevé. Qu'est-ce que cette grande abomination que tu m'as dite? Ne me la dis pas de nouveau! Je ne répéterai cela à personne et ferai que cela ne sorte pas de ma bouche, pour qui que ce soit."

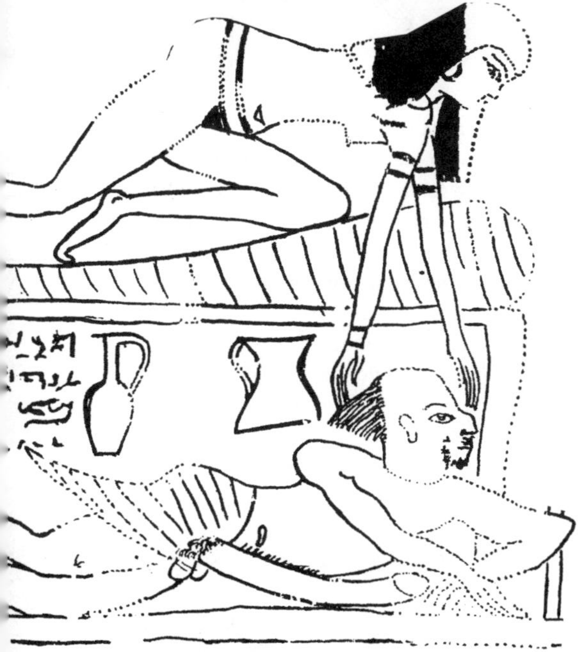

Le musée de Turin conserve un célèbre papyrus érotique (Nouvel Empire) qui illustre les ébats d'un prêtre et d'une prostituée. Il s'agit là d'une exception à la règle suivant laquelle les anciens Égyptiens sont très discrets sur leurs relations sexuelles. Pourtant, ils ne connaissent aucun tabou en la matière, et l'explication du phénomène se trouve dans le fait que – au moins dans les hautes sphères de la société – l'amour est une préoccupation ludique, exprimée dans un langage codé.

Il chargea son fardeau et s'en alla aux champs. Il rejoignit son frère aîné et ils se mirent à travailler énergiquement à leur ouvrage en cours.

Puis, au moment du soir, son frère aîné rentra à la maison ; son frère cadet, cependant, était encore derrière ses bêtes, il chargeait ses épaules de toutes les choses des champs, et il ramenait ses bêtes devant lui, pour les faire dormir dans leur étable qui était au village.

Or la femme de son frère aîné était remplie de crainte à cause des propos qu'elle avait tenus. Elle alla donc chercher de la graisse et du suif et elle feignit d'avoir été battue, afin de dire à son mari : "C'est ton frère cadet qui m'a battue." Et quand son mari rentra le soir, selon sa coutume de chaque jour, et qu'il arriva à sa maison, il trouva sa femme couchée et feignant d'être malade : elle ne versa pas d'eau sur ses mains, comme il y était accoutumé ; elle ne fit pas la lumière devant lui ; sa maison était dans les ténèbres, et elle était couchée, vomissant.

Son mari lui dit : "Qui est-ce qui t'a mal parlé ?" Elle lui répondit : "Personne ne m'a mal parlé, excepté ton frère cadet. Lorsqu'il vint prendre des semences pour toi et qu'il me trouva assise, toute seule, il me dit : "Viens, passons une heure ensemble, couchons-nous. Mets

ta perruque." Ainsi me parla-t-il, mais je ne l'écoutai pas." "Est-ce que je ne suis pas ta mère ? Et ton frère aîné n'est-il pas pour toi comme un père ?" C'est ce que je lui dis, et il prit peur ; il me battit, pour que je ne te fisse pas de rapport. Mais si tu permets qu'il vive, je me donnerai la mort : aussi, quand il reviendra, ne l'écoute pas. Car je souffre à l'idée de cette mauvaise action qu'il se disposait à commettre hier."

Alors son frère aîné devint comme un léopard ; il aiguisa sa lance et la prit en main. Et le frère aîné se tint derrière la porte de son étable afin de tuer son frère cadet, quand il reviendrait le soir pour faire rentrer ses bêtes à l'étable.

(Lefebvre, *Romans et contes*, "Conte des deux frères")

La maîtresse de maison

Dans les milieux aisés, l'épouse porte souvent le titre de "maîtresse de maison" (*nebet per*), dirige la maisonnée, embauche les servantes, préside à la fabrication du pain et de la bière ; elle peut aussi exercer une activité artisanale, à la tête d'un atelier de textiles, par exemple (ainsi qu'en témoignent plusieurs documents de la fin du Moyen Empire et du Nouvel Empire). La femme jouit des mêmes droits que son mari, même si sa capacité d'exercice est dans la pratique limitée par celle du mari. En cas d'absence de celui-ci, elle le remplace purement et simplement dans tous les actes d'administration du patrimoine ; elle peut ester et tester en justice, on voit même des femmes siéger comme juges dans le Conseil de Deir al-Medîna, le village des artisans de la tombe royale en construction.

Voici l'essentiel d'un testament que rédigea la femme Naunakhte à Deir al-Medîna, en l'an 3 de Ramsès V, c'est-à-dire vers l'an 1158 avant notre ère.

Elle a déclaré : "Je suis, quant à moi, une particulière du pays de Pharaon. J'ai élevé ces huit (enfants), vos serviteurs que voici, et leur ai donné un trousseau de toutes choses que l'on constitue

pour ceux qui sont dans leur situation. Mais, voyez ! Je suis devenue vieille et, voyez ! Ils ne s'occupent pas de moi à leur tour !

Quant à chacun d'entre eux qui a posé ses mains sur les miennes, je donnerai (de) mes biens.

Quant à celui qui ne m'a pas donné, je ne lui donnerai pas de mes biens".

Liste des ouvriers et des femmes (mariées) à qui elle a donné :

– l'ouvrier Maaynakhtef ;

– l'ouvrier Kenhikhepeshef. Elle a dit à son sujet : "Je lui donnerai un bassin de cuivre en récompense, en plus qu'à ses cohéritiers, ainsi que dix sacs de blé amidonnier" ;

– l'ouvrier Amennakhte ;

– la dame Ouasnakhti ;

– la dame Menâtnakhti. Quant à la dame Menâtnakhti, elle a déclaré à son sujet : "Elle entrera en ligne de compte pour le partage de tous mes biens, excepté pour le boisseau de blé amidonnier que mes trois enfants mâles, ainsi que la dame Ouasnakhti m'ont versé, de même que la mesure de graisse qu'ils m'ont versée de la même manière" (il s'agit vraisemblablement de rentes).

Liste des enfants dont elle a dit : "Ils n'entreront pas dans le partage de mon tiers, tandis qu'ils entreront dans les deux tiers de leur père" :

– l'ouvrier Néferhotep ;

– la dame Menâtnakhti ;

– la dame Hénoutshenou ;

– la dame Khâtanoub.

Quant à ces quatre enfants miens, ils n'entreront en partage pour aucun de mes biens, qu'il s'agisse de tous les biens du scribe Kenhikhepeshef, mon (premier) mari, de ses immeubles également, et de ce grenier de mon père, ainsi que de ce boisseau de blé amidonnier acquis avec mon (premier) mari, ils ne les partageront pas.

Mais quant à ces huit enfants miens, ils entreront dans le partage des biens de leur père, en un seul partage.

Un "repentir" de Naunakhte, placé en face du nom de l'un des enfants, Néferhotep, est ainsi rédigé :

Mais pour ce qui est de mon chaudron que je lui avais remis pour s'acheter des provisions, également de l'outil (valant) 7 *deben,* du bidon (valant) 7 *deben,* de la pioche (valant) 6 *deben,* ce qui fait (en tout) 40 *deben,* ils lui appartiendront en tant que (sa) part, mais il n'entrera (en partage) pour aucun des autres (objets de) cuivre qui appartiendront à ses frères et sœurs.

Fait par Amennakht, le scribe de la Tombe royale à l'entrée interdite.

(D'après Théodoridès, *RIDA*, 13, 1966)

Les enfants

La naissance est entourée des mystères du divin : la mère accouche, accroupie sur une simple natte ou sur des briques, assistée par les divinités de l'accouchement que sont Thouëris, Bès, Isis, Nephtys, Héqet et Khnoum. Le premier but du mariage est la procréation : tel est le premier des enseignements prodigués par un père à son fils. Le père s'occupe particulièrement de l'éducation de ses enfants lorsqu'ils grandissent. Il leur enseigne les préceptes de la vie et la manière de se comporter, en toutes circonstances, avec leurs semblables ; le fils doit l'écouter. Par la suite, le fils, l'héritier, doit veiller à la sépulture de ses parents et à l'entretien de leur culte funéraire.

Les sept Hathor, qui sont un peu l'équivalent de nos fées, marraines du nouveau-né, promettent un destin à l'enfant.

Il y avait une fois, dit-on, un roi d'Égypte, pour lequel n'avait pas été mis au monde d'enfant mâle [...]. Alors, il supplia les dieux, autour de lui, de lui donner un fils. Ceux-ci ordonnèrent de faire en sorte que l'on mît au monde pour lui. Cette nuit-là, tandis qu'il couchait avec son épouse, elle devint enceinte. Lorsqu'elle eut accompli le nombre de mois nécessaires pour la naissance, elle accoucha d'un garçon. Alors les sept Hathor s'en vinrent pour lui annoncer quel serait son destin ; elles dirent : "Sa mort viendra d'un crocodile, ou d'un serpent, ou encore d'un chien". Les gens qui étaient aux côtés de l'enfant écoutèrent (ces paroles) et les rapportèrent à Sa Majesté

(vie, santé, force !). Alors le cœur de Sa Majesté devint triste, au-delà de toute expression. Sa Majesté fit construire pour l'enfant une maison en pierre, sur le plateau désertique ; elle fut pourvue d'une domesticité et de toutes les belles et bonnes choses appartenant au palais royal, mais l'enfant ne devait pas sortir de la maison.
(Lalouette, *Textes,* I)

Le scribe Any exhorte son fils à procréer jeune.

Prends femme alors que tu es jeune encore, elle fera pour toi un fils et, pour toi, elle mettra au monde en ton jeune âge. Il est sage de faire des enfants, l'homme est heureux lorsqu'ils sont nombreux, il est considéré en fonction du nombre de ses descendants.
(Lalouette, *Textes,* I)

Dans ses "instructions", Ptahḥotep donne à son fils des préceptes de bonne conduite.

Un fils obéissant est un serviteur d'Horus (le dieu de la royauté) ; tout va bien pour lui après qu'il a écouté. Lorsqu'il aura atteint la vieillesse et sera devenu un imakhou, il parlera de la même façon à ses enfants, en renouvelant l'enseignement de son père. Chaque homme enseigne selon ce qu'il a fait, et il parle à ses descendants comme ceux-ci ensuite parleront un jour aux leurs. Crée un exemple ; ne permets pas que l'on t'offense ; fortifie la vérité et la justice, afin que tes enfants puissent vivre... Maîtrise ton cœur, contrôle ta bouche ; ainsi ta condition sera d'être parmi les Grands. Sois tout à fait exact auprès de ton maître, agis de sorte qu'on lui dise : "C'est le fils de cet homme", et ceux qui l'entendront diront : "Loué soit celui pour qui il a été mis au monde !" Sois patient tout le temps que tu parles, et prononce des paroles remarquables ; alors les Grands qui les entendront diront : "Comme est beau et bon ce qui sort de sa bouche !" Agis aussi de façon que ton maître dise à ton propos : "Comme est parfait celui que son père a instruit, après qu'il fut sorti de son corps. Il lui a dit tout ce qu'il avait acquis, entièrement – mais ce qu'il a fait est plus grand encore que ce qui lui a été dit."
(Lalouette, *Textes,* I)

3. Vivre de la terre

Dès les temps néolithiques, la chasse et la pêche ont puissamment contribué à la cohésion sociale et à la formation des structures politiques de l'Égypte. Par la suite, leur rôle économique demeurera considérable, surtout en ce qui concerne la pêche, une des principales ressources de la campagne nilotique ; la chasse, elle, conservera une dimension mythique en rapport avec l'idéologie du roi vainqueur des forces hostiles.

Le passage d'une économie de prédation à une économie de production s'est effectué tardivement en Égypte, puisque la phase finale du processus se situe dans la première moitié du IVe millénaire av. J.-C. La raison en est la luxuriance incomparable de la faune et de la flore nilotiques qui a beaucoup plus inhibé qu'encouragé les initiatives de domestication animale et végétale.

La naissance de l'État pharaonique est liée à l'organisation raisonnée de l'agriculture et de l'élevage, vers le milieu du IVe millénaire av. J.-C. Ces deux secteurs, les plus importants de l'activité économique de l'Égypte ancienne, ont déterminé sa vocation et sa configuration principalement rurales et lui ont imprimé ses caractères politiques et sociaux fondamentaux.

Bien plus encore que l'élevage, les travaux des champs scandent la vie quotidienne de l'Égypte ancienne, dont le calendrier est découpé en trois saisons de quatre mois, suivant le cycle agricole : inondation (*akhet*), germination (*peret*), moisson (*shemou*). La culture des céréales et du lin occupe une large partie de la population. Orge et blé amidonnier fournissent la base des rations d'entretien, de salaire ou d'offrande funéraire dont l'unité est le "pain-bière".

Si la viande de bovinés est considérée comme une nourriture de fête et fait l'objet de distributions exceptionnelles lors des cérémonies religieuses ou royales, l'alimentation courante des anciens Égyptiens est constituée principalement de pain, de bière, de laitages, d'œufs, de volailles et de légumes, ainsi que de poisson. La vallée du Nil jouit d'une étonnante fertilité ; la crue du fleuve dépose pendant les mois d'été une couche limoneuse qui amende le sol de manière naturelle. Il suffit alors d'égratigner la terre molle au moyen de l'araire et de faire piétiner les semences par des porcs ou des moutons ; le climat permet en outre d'obtenir plusieurs récoltes successives. Très tôt, le travail fut organisé méthodiquement, l'ensemble de la population égyptienne participant aux tâches agricoles et aux grands projets des pharaons bâtisseurs, une comptabilité minutieuse accompagnant les flux de matières premières, de marchandises et de main-d'œuvre.

Sur la frise qui figure sur la tête de massue de Narmer, le roi, assis sous le kiosque, enveloppé dans le long manteau cérémoniel et coiffé de la couronne rouge, préside aux rites accompagnant l'inventaire des ressources animales. En haut et à droite, les quatre porte-étendard définissent le pouvoir royal.

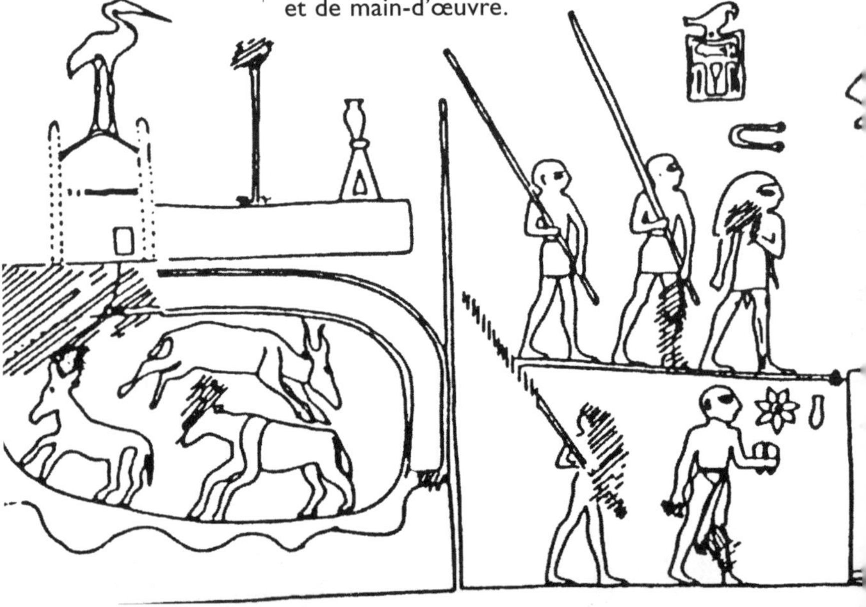

Élevage et pâturages

La campagne égyptienne est animée par les troupeaux de bétail et par toutes sortes de volailles. L'organisation de l'élevage des bovinés a permis l'ordonnancement du territoire, parallèlement aux premières distributions de terres que le roi effectuait en faveur de ses fidèles alliés. Les périodes archaïques ont été ponctuées par les recensements bisannuels des bestiaux qui entraient dans le système de datation des documents officiels.

Ainsi lit-on en tête d'un contrat du IIIe millénaire.

L'année suivant le second recensement du bétail de Haute et de Basse-Égypte, le 3e mois de la saison de la Germination, le 26e jour, à Inerty-Inpou (Gebelêin).
(P. Posener-Kriéger, *Festschrift Edel*)

Les grands troupeaux relevaient des temples ou de l'administration royale, et le titre de "Directeur du bétail" était prestigieux. À un

niveau plus modeste, chaque famille d'agriculteurs disposait d'un attelage de bœufs ou de vaches pour labourer le lopin de terre qui lui était attribué. À l'époque saïte (VIIe-VIe siècle av. J.-C.) des contrats de location, rédigés devant notaire en présence de témoins, liaient le temple et ses représentants à l'utilisateur d'un attelage.

En l'an 36, premier mois de la Moisson, sous le pharaon Amasis. Ce qu'a déclaré le Père divin Oudjahor, fils de Diamenâoukhons, au bouvier du domaine de Montou – maître – de – Thèbes, Padimontou, fils de Pouahimen et dont la mère est Rourou : "Je t'ai donné cet attelage de vaches de labour destiné au labourage, au nom du Père divin Réri, fils de Diamenâoukhons dont tu es le cultivateur, dans tout champ que tu auras à cultiver sur mes terres situées sur le domaine d'Amon dans le district de Coptos, à l'ouest de la haute terre de la

Sur cette tête de massue dite du Scorpion, le roi, debout, vêtu du pagne orné d'une queue de fauve, et coiffé de la couronne blanche, se prépare à ouvrir la terre au moyen de la houe. À ses pieds les scènes qui subsistent ont un caractère agraire : semailles, récolte évoquée par un épi géant, plantation d'un arbre. Des danses rituelles entourent le geste royal. Au registre supérieur, les enseignes des dieux locaux ont capturé les vanneaux qui désignent probablement des peuples envahisseurs.

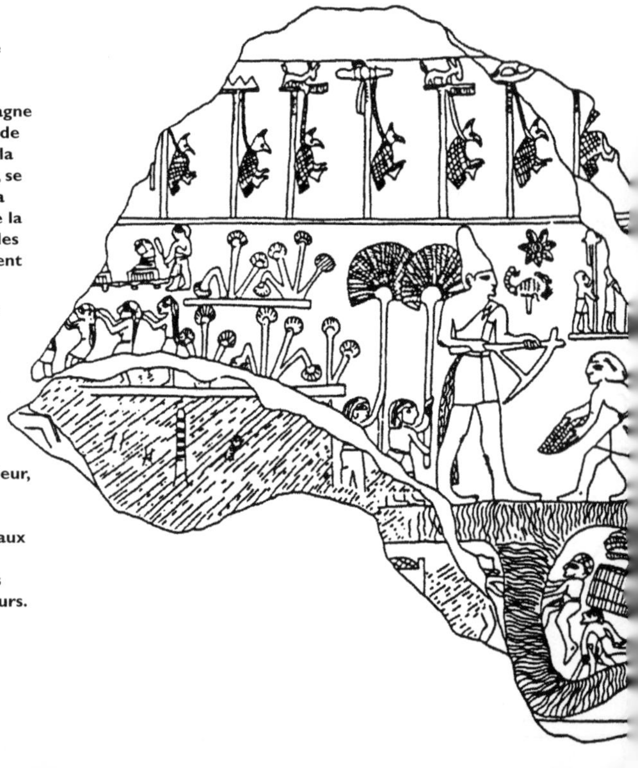

"Ferme du lait d'Amon", de l'an 36 à l'an 37. À l'arrivée de la récolte, en l'an 37, je prendrai 1/3 des céréales qui auront poussé sur mes champs que tu auras labourés avec cet attelage de vaches ci-dessus (mentionné), (plus 1/3) pour lequel tu as rédigé un écrit au nom de Réri, mon frère, à propos du loyer des champs. Je ferai en sorte que les scribes du Temple s'éloignent de toi en ce qui concerne l'impôt du temple d'Amon. Nous partagerons le reste de la récolte en 4 parts, 3 pour moi à cause de l'attelage de vaches et à cause des céréales dues au nom du Père divin Réri, et une part pour toi en raison du labour et de tout travail que tu auras effectué en tant que cultivateur, de l'an 36 à l'an 37. Si je constate une négligence dans la culture au détriment du Père divin Réri, je prélèverai sur ta part. Le dommage que subirait l'attelage de vaches sera à ta charge. Le gain et la perte nous incombent à tous deux.

(Papyrus Louvre, E 7833A)

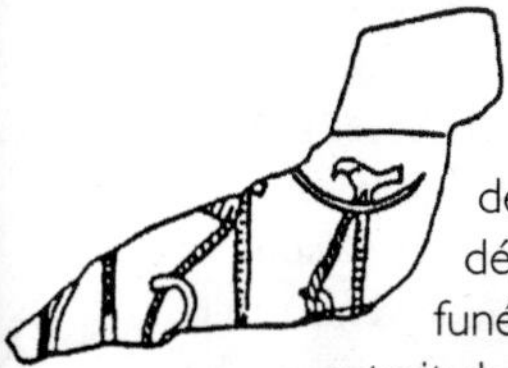

Les bovinés étaient également engraissés en vue des offrandes rituelles instaurées dans le temple par décret royal, ou en vue de sacrifices à l'occasion des funérailles d'un important et riche personnage ; voici un extrait du décret de Sheshonq I réglant la fourniture du bœuf de l'offrande quotidienne au dieu Harsaphès d'Héracléopolis.

On prit un décret dans le Palais (vie, intégrité, santé !) afin d'approvisionner le domaine d'Harsaphès, roi des deux pays, maître d'Héracléopolis, pour y établir ce bœuf de l'offrande régulière, conformément à ce qui était fait depuis le temps des ancêtres. On rédigea le décret en tant que règlement de son approvisionnement ; on assujettit au bœuf de l'offrande régulière les villes, les endroits habités, les villages de (la région d') Héracléopolis, sans aucun cas où l'un d'eux s'y soustrairait, sans qu'il pût être interrompu, pour toujours et à jamais.

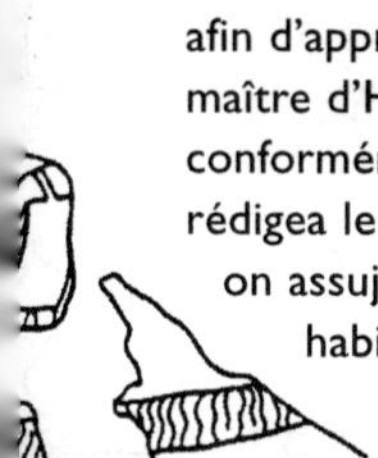

Le roi de Haute et de Basse-Égypte, le maître des Deux-Terres, Hedjkheperrê-l'élu-de-Rê, le fils de Rê, le maître des couronnements, Sheshonq-Méryamon.

Assujettissement relatif aux 365 bœufs pendant le cours de l'année, jusqu'au terme cyclique de l'éternité :

– Le Général d'Héracléopolis, sa part : 60 bœufs (du premier au deuxième mois de l'Inondation) ;

– La maîtresse de maison, Supérieure des Recluses d'Harsaphès, roi des deux pays, fille du grand Chef des Ma (une tribu d'origine libyenne), Isetemkheb : 3 bœufs ;

– Le Chef des Touher (une autre peuplade) d'Ousermaâtrê : 10 bœufs ;

– Le Chef des Touher d'Héracléopolis : 10 bœufs ;

– Le Prêtre de Seth, maître de Sou : 10 bœufs (le troisième mois de l'Inondation) (etc.).

(Vernus, *Tanis : l'or des pharaons*)

Hérodote nous fournit quelques détails réalistes sur les sacrifices d'animaux.

La bête marquée par le vérificateur est conduite à l'autel du sacrifice ; on allume le feu, on verse sur la victime, près de l'autel, une libation de vin, on invoque le dieu, puis on égorge la bête ; ensuite on lui coupe la tête. On dépouille le corps, mais on charge la tête de malédictions et on l'emporte : s'il y a un marché dans la région et si des commerçants grecs s'y sont établis, on va la leur vendre ; s'il n'y a pas de marchands grecs, on la jette dans le fleuve. On maudit les têtes des victimes en ces termes : "Si quelque malheur menace ceux qui offrent le sacrifice ou l'Égypte tout entière, qu'il soit détourné sur cette tête !" Pour les têtes des victimes qu'ils offrent aux dieux et pour les libations de vin, tous les Égyptiens suivent les mêmes règles, dans tous leurs sacrifices ; et par la suite pas un Égyptien ne consentirait à manger de la tête de quelque créature que ce soit.
(Hérodote, *L'Enquête*, éd. Barguet)

Les bouviers employés par les temples pour garder leurs troupeaux réalisaient aussi des conventions, rédigées en bonne et due forme contractuelle chez un notaire et devant témoins, dans le but de réaliser quelque profit. Ainsi un employé du temple s'associe-t-il avec un soldat pour partager par moitié les veaux à naître d'une vache en transit entre le temple et les élevages royaux ; il en résulte un contrat aux termes curieux, signé par le notaire et contresigné par les témoins.

En l'an 19, 2e mois de la Germination, sous le pharaon Darius. Ce qu'a déclaré le portier du domaine d'Amon de Djémê, Horoudja, fils de Iahirdis et dont la mère est Tçherénésê, au soldat du district Setamengaouy, fils d'Amenirdis : "Tu m'as contenté le cœur avec le prix de la moitié de cette génisse noire qui est marquée au sceau d'Amon de Djémê et qu'on appelle de son nom de vache, Sétaïretbinê, que j'ai achetée au bouvier du pharaon, Hor, fils de Pétamenipy. Je t'ai vendu sa moitié aujourd'hui. Je n'ai aucune réclamation à faire sur cette demi-vache, ni (sur la moitié) des veaux qu'elle mettra bas dans notre étable à nous deux. Personne d'autre au monde, ni moi-même, ne pourra être propriétaire de cette demi-vache. Celui qui viendrait vers toi en ce qui la concerne – la moitié mentionnée ci-dessus – je ferai en sorte qu'il s'éloigne de toi, quels que soient son titre ou sa revendication. Si je ne l'éloigne pas de toi, je te donnerai une vache de son espèce, sinon je te donnerai 2 *kite* 1/2 d'argent de la Trésorerie de Ptah, de bon aloi, car la moitié de cette vache t'appartient (et la moitié) des veaux qu'elle mettra bas seront affranchis pour toi de toute contestation au monde, à partir d'aujourd'hui et dorénavant".
(Papyrus Louvre, E 9292)

Le mastaba de Ti (Ve dynastie) est un des plus beaux tombeaux de la nécropole de Saqqara. Ci-contre et page suivante, les chefs des villages amènent les bœufs pour procéder au comptage.

Les ânes servaient au transport des sacs d'orge ou de blé, des outres d'eau, des fagots de bois, des paniers de légumes, etc. Il était possible de faire l'acquisition d'un âne moyennant paiement ; de telles transactions donnaient lieu parfois à des discussions véhémentes portées devant le tribunal local.

"Je lui ai remis 27 *deben* de cuivre au moyen de diverses valeurs, en lui disant : "Procure-moi un âne". Voici ces valeurs : une pièce d'étoffe lisse pour 7 *deben* (?), [...] pour 4 *deben* (?), une paire de sandales d'homme pour 2 *deben,* un sac de seigle pour 1 *deben* et 1 sac de farine pour 1 (?) *deben ;* total de ce qui lui a été remis : 27 *deben* de cuivre. Il m'a fourni un âne, mais je le lui ai renvoyé. Il m'a fourni cet autre, mais il n'est pas bon du tout. Rendez-le lui, et qu'il me fournisse un âne qui soit bon, ou bien mon argent". Il (= l'âne) lui ayant été rendu, il a prêté un serment par le roi (vie, santé, force !) en ces termes : "Je lui remettrai l'âne ou l'argent, d'ici la fin du mois prochain". (En présence) des deux chefs d'équipe et du scribe.
(Théodoridès, *RIDA*, 16)

C'est seulement vers le milieu du IIe millénaire, après l'expulsion des Hyksôs, que l'élevage du cheval connut un grand succès en Égypte. Les rois de la XVIIIe dynastie, puis les Ramsès, manifestèrent leur prédilection pour ces animaux élégants qui figuraient dans leurs butins.

Liste du butin que l'armée de Sa Majesté (Thoutmosis III) a rapporté de la ville de Megiddo : 340 prisonniers ; 83 mains ;

2401 chevaux ; 191 poulains ; 6 étalons ; [...] 1 char travaillé d'or, dont la coque est en or, ayant appartenu à ce vil ennemi ; 1 beau char travaillé d'or ayant appartenu au prince de Megiddo ; 892 chars ayant appartenu à son armée – au total : 924.

1 belle cotte d'armes en bronze ayant appartenu à ce vil ennemi ; 1 belle cotte d'armes en bronze, du prince de Megiddo ; 20 cottes d'armes (en bronze) ayant appartenu à sa vile armée ; 502 arcs ; 7 pieux et colonnettes, travaillées d'argent, ayant appartenu à la tente de ce vil ennemi.

L'armée de Sa Majesté se saisit également des troupeaux de cette ville : [...] 1929 bovins, 2000 chèvres, 20500 moutons. (Lalouette, *Textes*, I)

Un passage de la grande stèle d'Amenhotep (Aménophis) II mentionne, comme un indice de son aptitude au pouvoir, l'inclination du futur roi pour les chevaux.

Et lorsqu'il était encore jeune prince, il aimait ses chevaux, et il s'en réjouissait, et il était heureux de s'en occuper ; il connaissait leur caractère et était habile à les dresser, étant maître de ses manœuvres. Quand cela fut arrivé au palais aux oreilles de son père, l'Horus "Taureau puissant qui s'est levé dans Thèbes", le cœur de Sa Majesté fut agréablement touché lorsqu'il entendit cela, se réjouissant de ce que l'on disait au sujet de son fils aîné, et il se dit en lui-même : "C'est lui qui sera le maître du pays tout entier, il n'y aura pas d'opposant car il voue son cœur à la bravoure et prend plaisir à la victoire ; il est encore un charmant enfant, et n'est pas

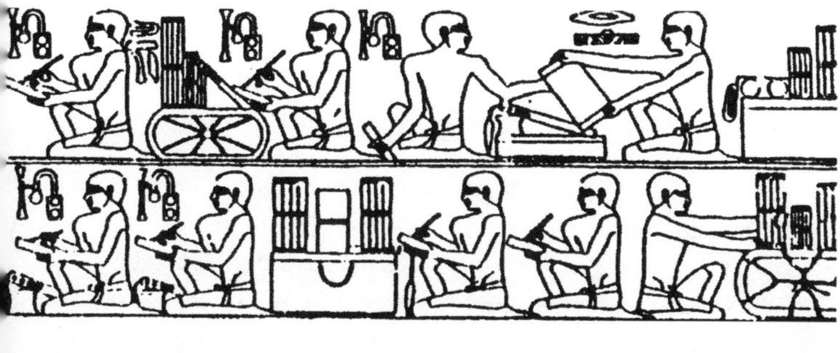

encore en âge de faire le travail de Montou (la guerre) mais, en vérité, il met de côté les pulsions de son corps et il aime la force, parce que c'est Dieu qui lui dicte d'agir pour que l'Égypte puisse être protégée et courbée derrière lui". Alors Sa Majesté dit à ceux qui étaient dans son entourage : "Qu'on lui donne les plus beaux chevaux de l'écurie de Sa Majesté qui est à Memphis, et dites-lui : Prends soin d'eux, entretiens-les, fais-les trotter, et ménage-les s'ils sont récalcitrants".
(D'après Hassan, *ASAE*, 37)

Peyé (ou Piankhy), le roi nubien conquérant de l'Égypte et fondateur de la XXVe dynastie, éprouvait pour ses compagnons de combat et d'évasion un amour légendaire.

Sa Majesté se rendit à la demeure du roi Nemrod et parcourut toutes les pièces du palais royal, son Trésor, ses étables. Elle se fit présenter les épouses du roi et les filles du roi ; elles honorèrent Sa Majesté à la manière des femmes, (mais) Sa Majesté ne tourna pas son visage vers elles. Sa Majesté se rendit aux écuries des chevaux et aux étables des coursiers. Elle vit [...] qu'ils étaient affamés et dit : "Aussi vrai que je vis et que Rê m'aime, aussi vrai que mon nez est florissant de vie, il m'est plus douloureux de voir affamer mes chevaux que tous les crimes que tu as commis ! Ne fanfaronne pas ! La peur que tu inspires à tes voisins témoigne pour moi de toi ! Ignorerais-tu que l'ombre du dieu est sur moi ? Grâce à lui, mon lot n'est pas l'infortune !".
(Grimal, *La Stèle triomphale de Pi['nkh]y*)

L'organisation de l'agriculture

L'Ancien Empire connaît, particulièrement sous le règne de Snéfrou, la multiplication d'établissements ruraux dont l'ensemble est contrôlé par les Directeurs des champs, sortes de ministres de l'agriculture. Sous le Moyen Empire et la XVIIIe dynastie, l'administration des terres cultivables relève de l'autorité royale et du vizir, chef de l'administration, par l'intermédiaire des Directeurs des champs et des Conseils locaux.

Quant à quiconque s'adresserait au vizir à propos de champs, c'est lui (le vizir) qui le convoque et qui, en outre, écoute le Directeur des champs et le Conseil local. Il lui opposera un délai de 2 mois en ce qui concerne ses champs situés en Haute et en Basse-Égypte, mais pour ce qui est des champs qui jouxtent la Cité méridionale (Thèbes) et la Résidence, il opposera un délai de 3 mois, conformément au règlement ; il entend chaque plaignant selon ce règlement qui est dans ses mains. [...]

C'est lui (le vizir) qui investit en toute tenure-*shedou*. Quant au quelconque plaignant qui dirait : "Nos bornes sont déplacées", on vérifiera qu'elles sont sous le sceau des magistrats (locaux) ; s'il en est ainsi, il retirera la tenure (de la compétence) du Conseil qui les aurait déplacées.

(*Les Devoirs du vizir*, d'après Van der Boorn)

Dès le début de l'ère ramesside, les temples apparaissent comme les relais de l'économie en matière agricole. Le roi est généreux envers eux.

Liste des biens [...] que Pharaon (Ramsès III) a donnés au domaine de son père vénérable, Amon-Rê roi des dieux, de Mout, de Khonsou et des dieux maîtres de Thèbes, par *imyt-per* (constitution ou transfert d'une universalité de biens comportant à la fois des cessions déterminées et des redevances), pour toujours et à jamais :

(domaines, troupeaux, dépendants, statues, bateaux, jardins et bosquets, tributs...)

Champs : 864 168 aroures 1/4 (soit plus de 236 000 ha).

(Grandet, *Le Papyrus Harris I*)

Les terres cultivables accordées aux temples permettent à l'administration royale de traiter avec des interlocuteurs valables pour asseoir l'impôt ; voici l'organisation d'un temple, avec la localisation de ses champs et la désignation des responsables.

LA DEMEURE du roi de Haute et de Basse-Égypte Ousermaâtrê-Mériamon dans le domaine d'Amon (le temple funéraire de Ramsès III à Médînet Habou) : DÉPARTEMENTS de ce domaine sous l'autorité du Secrétaire de Pharaon (vie, santé, force !)

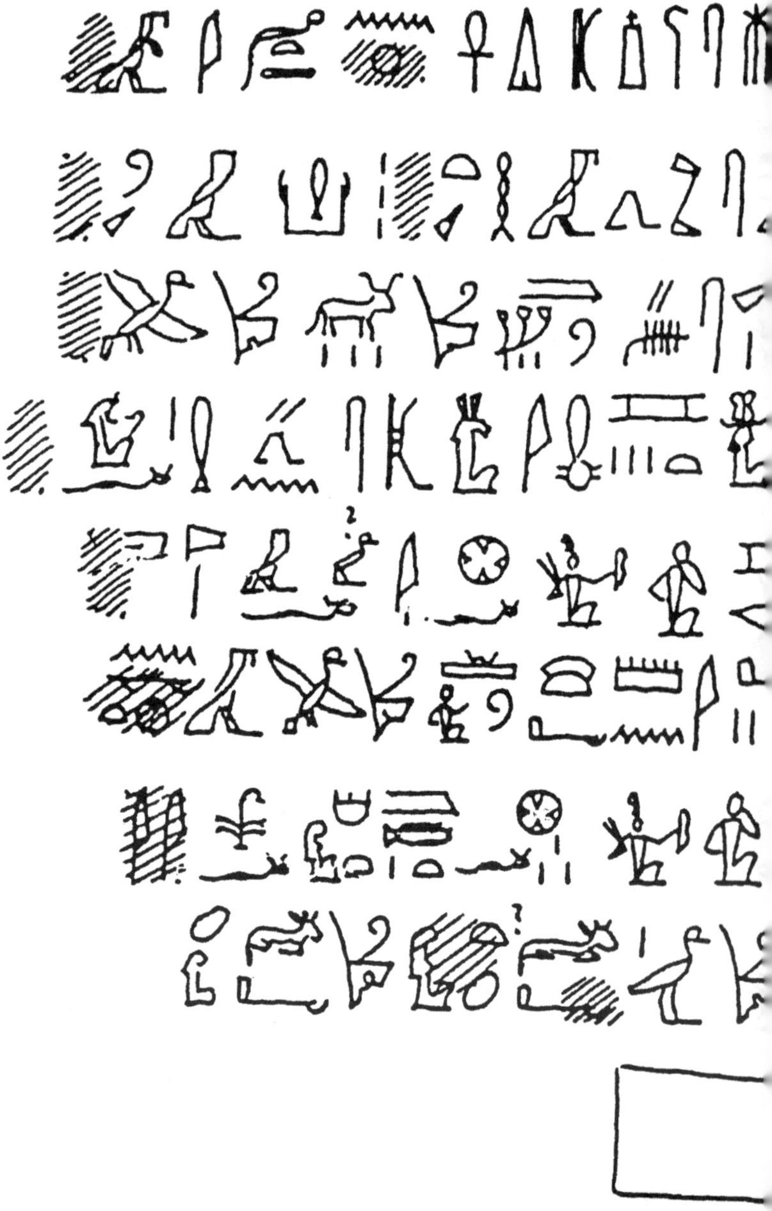

Des concessions de champs aux dimensions relativement modestes sont consignées sur des stèles "de donation". Les terres sont attribuées par le pharaon à des temples et à diverses institutions. Un fonctionnaire ou un prêtre en a la charge et en tire en même temps des revenus. Voici la traduction du texte reproduit ci-contre : "Sa majesté (Ramsès III) a ordonné la délimitation d'un champ d'offrandes de *x* aroures, champ emphytéotique, champ de pâturage pour les bœufs, en faveur de la statue de Ramsès III, fils de Tatenen, aimé comme Seth. Sa majesté est allée [...] vers le temple de Ramsès-Méryamon-aimé-de-son-armée [...]. Le champ est situé dans (les terres produisant) les offrandes divines, il est en la possession du chef des mercenaires syriens, Amenkhâ, de la forteresse de Ramsès-Heqa-Iounou-aimé-de-son-armée, et (administré) par la main de sa femme, la chanteuse de Tatenen, Isis, (de) fils en fils, (d') héritière en héritière" (d'après D. Kessler, SAK 2). La forme du champ attribué est notée par le rectangle qui figure en bas du document.

Département de ce domaine (administré) par la main du régisseur Mérymaâ
ARPENTAGE fait au nord-est du village d'Ioun-rychès
Terre cultivée par le cultivateur Benenka : 10 (aroures), (au rendement de) 5 sacs (par aroure), ce qui fait 50 sacs (de céréales)
Attribué au domaine d'Osiris maître d'Abydos : 3 3/4 sacs (de céréales).
(Papyrus Wilbour, *in* Menu, *Le Régime juridique des terres...*)

Toutefois, les exploitants agricoles sont aux prises avec des impératifs réglementaires qu'ils ont du mal à satisfaire ; des gérants de domaines protestent contre les normes fiscales. En témoignent ces deux papyri.

Et discute auprès des autorités compétentes, au sujet de l'ordre d'ensemencement excessif qui m'a été assigné par rapport au temple de Seth et à l'étendue des terres royales qui sont sous mon autorité. (Papyrus Bologne, 1094)
P., le scribe du temple de l'Adoratrice d'Amon, est venu ; il est arrivé à Éléphantine pour demander le grain qui a été fixé pour le temple de l'Adoratrice d'Amon. Il a dit : "Que 100 sacs d'orge soient donnés !" C'est ce qu'il m'a dit, mais il n'y a pas de champ supportant ce total ! (Lettre de Valençay)
(D'après Gardiner, *in* Menu, *Recherches*, I)

Le roi est le propriétaire du sol, il exerce la "directe universelle" mais dès les origines il attribue des terres cultivables à ses fidèles et aux temples qui disposent de la "propriété utile". Le *Grand Texte des donations*, inscrit sur une paroi du temple d'Edfou, témoigne de la permanence de cette pratique juridique, trois millénaires plus tard.

Le dieu accompli, fils du Seigneur d'Hermopolis, Semence divine du Maître des Largesses, qui évalue le montant des champs mesurés de l'Égypte, emplissant l'Œil sain de ce qui lui est nécessaire, satisfaisant les dieux et les déesses au moyen de leurs offrandes, le maître des jardins, le roi de Haute et Basse-Égypte, l'héritier des dieux Evergètes, élu de Ptah, qui agit justement, image vivante d'Amon-Rê.

Donation[s que le roi de Haute et Basse-Égypte, l'héritier des dieux Evergètes, élu de Ptah, qui agit] justement, image vivante d'Amon-Rê, Fils de Rê, Ptolémée surnommé Alexandre, [a faites ?] à son père Horus Béhédéti, le grand dieu, le Seigneur du ciel, (et à tous) les dieux d'Edfou, pour leur offrande quotidienne.

Liste de tous leurs décomptes, de tous leurs relevés cadastraux, de toutes leurs délimitations de nomes.
(Meeks, *Le Grand Texte des donations*)

Entre les conseils dispensés à la Cour pour bien traiter les agriculteurs et la dure réalité, certes noircie pour valoriser la profession de scribe, la condition du paysan nous apparaît précaire, voire pénible.

Voici la condition du cultivateur qui fait un dur métier. Quand les eaux de l'inondation recouvrent le sol, il prend soin de son matériel, il passe sa journée à tailler les outils aratoires, il passe sa nuit à fabriquer des cordes ; même son heure de midi est occupée par les travaux propres au cultivateur ; il prépare son équipement pour sortir aux champs comme s'apprête n'importe quel guerrier. Quand la pièce de terre s'étale, sèche, devant lui, il sort pour se procurer un attelage de bœufs et, après avoir passé plusieurs jours à relancer le bouvier, il se procure l'attelage. Il revient avec les bêtes et fait pour elles une marque dans le champ. À l'aube, il sort pour les soigner mais ne les trouve pas à leur place. Il passe trois jours à les chercher et finit par les trouver dans le bourbier. Mais il ne trouve pas leur harnais, les chacals l'ont grignoté. Il sort, son pagne à la main, pour demander un attelage. Il arrive à sa pièce de terre et la trouve prête à la culture. Il passe son temps à cultiver continuellement les céréales. Le serpent est après lui, il détruit la semence jetée sur le sol et le cultivateur ne voit pas sortir un brin vert. Il recommence trois fois avec de l'orge empruntée. Sa femme est tombée à la merci des marchands, n'ayant rien à donner en échange. [Quand arrive la moisson], les souris abondent dans le champ, la sauterelle s'abat, le bétail dévore ; les moineaux apportent la misère au cultivateur. Le restant qui est sur l'aire est achevé : il est pour les voleurs. La location des bœufs est perdue, l'attelage ayant crevé à force de fouler les épis et de labourer. C'est alors que le scribe débarque sur la berge, il vient collecter

la taxe sur la moisson ; les gardes sont armés de gourdins et les Nubiens, de branches de palmier. Ils disent : "Donne le grain !" alors qu'il n'y en a pas. Ils battent rudement le paysan, il est garrotté et jeté dans le puits, il s'enlise la tête en bas. Sa femme est ligotée devant lui, ses enfants sont enchaînés. Ses voisins l'abandonnent et prennent la fuite, leur grain s'en va.
(Posener, *Dictionnaire de la civilisation égyptienne*)

Chasseurs et pêcheurs

Les premiers rois d'Égypte originaires du sud pratiquaient la chasse comme une activité noble et dangereuse ; la figure du "maître des animaux", peut-être originaire de Sumer, a contribué sans aucun doute à l'émergence du pouvoir. Tout au long de l'histoire pharaonique, la chasse au lion et au taureau sauvage conserve un aspect mythique d'autant plus que, dès la prédynastie, le roi s'identifie au lion et au taureau pour en assimiler la force et la puissance, dont il se qualifie par la suite au moyen d'épithètes telles que "Taureau puissant" ou "Lion victorieux". Les hauts fonctionnaires, eux, chassent les oiseaux au bâton de jet dans les fourrés marécageux du Delta ; en revanche, le petit gibier de terre est chassé pour eux par des subalternes. La pêche a pour fonction première de satisfaire la consommation du commun des mortels ; le roi et les prêtres doivent s'abstenir de manger du poisson, du fait de leur rôle sacré, et des interdits frappent certaines espèces, en raison des traditions religieuses locales ou attachées à l'histoire héroïque des dieux.

Le pharaon pratique la chasse non seulement comme un sport qui l'entraîne à la guerre, mais comme une activité dérivant de sa nature divine et le rapprochant des dieux.

Il (Thoutmosis IV) passe son temps à se divertir sur la colline désertique de Memphis, sur ses chemins du Sud et du Nord, tirant sur une cible avec des flèches de cuivre, chassant les lions et les animaux du désert, ou se promenant sur son char, aux chevaux plus rapides que le vent, avec deux hommes de sa suite, sans que personne ne le sache.

Quand vient l'heure de donner du repos à ses compagnons, (il s'arrête) du côté d'Horus-de-l'Horizon (Horakhty, le Sphinx) ou auprès de Sokaris dans Ro-Setaou, de Renenoutet qui incarne les grains de l'année, en amont, ou (auprès) de Mout, maîtresse du mur septentrional et du mur méridional, de Sekhmet qui préside à Khas, de Seth de Hékaou, ou (auprès) de la place splendide de la Première Fois (la création du monde) dans le voisinage de Kher-âha, route des dieux vers l'horizon occidental d'Héliopolis. (Lalouette, *Textes*, I)

En domptant les bêtes féroces et dangereuses, le pharaon exprime son rôle démiurgique et conjuratoire. La métaphore de la chasse permet à Amenhotep III de proclamer son pouvoir impérial et de l'inscrire au revers de grands scarabées, coléoptères géants en stéatite émaillée de couleur bleue, émis à des centaines, voire des milliers d'exemplaires.

Haut fonctionnaire sous les règnes de Neferirkarê et Neferefrê, Ti est chargé d'administrer les domaines funéraires dans lesquels se trouvent des étangs. La présence de son épouse, accroupie près de lui, indique qu'il effectue une promenade d'agrément.

Que vive l'Horus : taureau victorieux qui apparaît en Maât, Celui des Deux-Maîtresses : qui confirme les règles et donne la paix aux Deux-Terres, l'Horus d'Or : le très vaillant qui frappe les Asiatiques, le roi de Haute et de Basse-Égypte : Nebmaâtrê, le fils de Rê : Amenhotep, souverain de Thèbes, qu'il soit vivant ! Et la grande épouse royale Tiyi, qu'elle soit vivante ! Nombre des lions pris par Sa Majesté, de ses propres flèches, depuis l'an 1 jusqu'à l'an 10 : cent deux lions féroces.
(Scarabée de la chasse aux lions, d'après David, *Égyptes, Histoires & Cultures*, 1)

L'an 2, sous la Majesté de l'Horus : taureau victorieux qui apparaît en Maât, Celui des Deux-Maîtresses : qui confirme les règles et donne la paix aux Deux-Terres, l'Horus d'Or : le très vaillant qui frappe les Asiatiques, le roi de Haute et de Basse-Égypte : Nebmaâtrê, le fils de Rê : Amenhotep souverain de Thèbes, qu'il soit vivant ! Et la grande épouse royale Tiyi, qu'elle soit vivante ! Prodiges advenus à Sa Majesté ; on vint dire à Sa Majesté : "Il y a des taureaux dans le district de Chetep". Sa Majesté descendit le fleuve dans son bateau Khâ-em-maât le soir, prenant du bon temps et arrivant serein dans le district de Chetep au matin. Sa Majesté apparut sur son char, avec toute son armée derrière elle. On dit aux officiers et à tous les soldats, ainsi qu'aux enfants du *Kap*, de surveiller ces taureaux sauvages. Sa Majesté ordonna qu'on fit entourer ces taureaux sauvages d'une clôture et d'un fossé, et Sa Majesté se porta contre ces taureaux sauvages. Leur nombre était de cent soixante-dix. Nombre que Sa Majesté prit en chassant ce jour-là : cinquante-six taureaux sauvages. Sa Majesté attendit

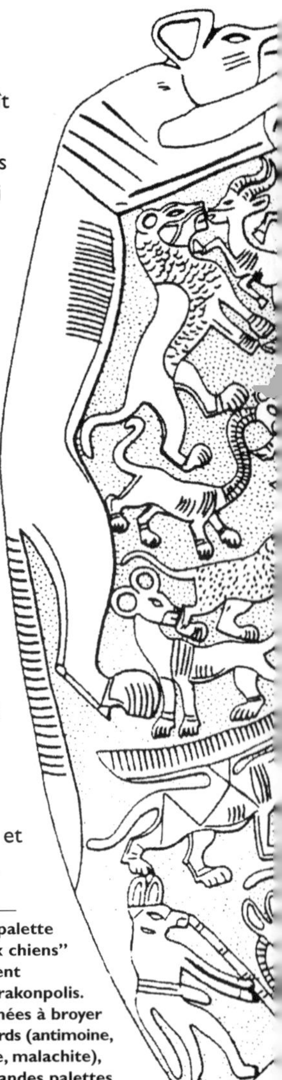

La "palette aux chiens" provient d'Hiérakonpolis. Destinées à broyer des fards (antimoine, galère, malachite), les grandes palettes en grauwacke du IVe millénaire ont reçu des décors variés, puis ont servi de supports aux actes fondateurs de la monarchie.

quatre jours pour reposer ses chevaux. Puis Sa Majesté apparut sur son char. Nombre des taureaux sauvages qu'elle prit en chassant : quarante taureaux sauvages. Total des taureaux sauvages : quatre-vingt-seize.
(Scarabée de la chasse aux taureaux, *Ibid.*)

La bravoure à la chasse permet à l'officier d'être récompensé, comme à la guerre, pour sa vaillance.

Puis j'assistai à un autre exploit heureux accompli par le Maître des Deux-Terres, à Niy. Il chassait cent vingt éléphants pour leurs défenses ; je m'emparai du plus grand de ces animaux, qui s'était attaqué à Sa Majesté ; je coupai sa trompe, alors qu'il était encore vivant, devant le roi, tandis que je me tenais dans l'eau, entre deux rochers. Mon Seigneur royal me récompensa avec de l'or, et me donna [...] trois vêtements et cinq paires (de sandales).
(Inscription d'Amenemheb, *in* Lalouette, *Textes*, I)

La documentation provenant de Deir al-Medîna mentionne de grandes quantités de poissons livrées et distribuées aux ouvriers ; les poissons viennent tout de suite après les céréales pour les quantités consommées. Un fragment provenant des archives du harem des Ramsès à Mi-our (dans le Fayoum) est ainsi libellé.

An I, troisième mois de l'Inondation, neuvième jour. Apporté par le chef des poissonniers (?) Adjouâa et le scribe Mérou (fils de) Panakhte :
– des poissons-*inou* (*tilapia nilotica*), en tout huit cents ;
– des poissons-*bapaÿ* (?), deux mille cinq cent trente ;
total de poissons : trois mille trois cent trente ;
– des poissons-*inou* coupés (débités en tranches ?), mille quatre cents en tout, (plus ?) cent.
(Fragments Gurob, W, d'après Gardiner, *Ramesside Administrative Documents*)

4. Le monde des artisans

Dès l'époque préhistorique, métaux, gemmes et pierres semi-précieuses extraits du sous-sol ont fait l'objet d'échanges commerciaux intensifs avant même la naissance de l'État, pour leur valeur à la fois intrinsèque et symbolique. À cette activité est venue se joindre, dès le début de l'Ancien Empire, l'extraction des pierres nobles pour la construction.

Produits de première nécessité et objets de luxe ont permis le développement précoce de l'artisanat dont certaines expressions (orfèvrerie, joaillerie, maroquinerie, tissage d'étoffes précieuses, céramique raffinée...) sont liées à une mythologie de création et à une économie de prestige. Les métiers jouent en Égypte ancienne un rôle de tout premier plan.

Au Nouvel Empire, l'organisation d'une communauté artisanale est bien connue ; il s'agit des constructeurs et décorateurs de la tombe royale, groupés dans le village de Deir al-Medîna, sur la rive gauche de Thèbes. Les ouvriers et artisans étaient répartis en deux équipes, celle de droite et celle de gauche, qui étaient chacune affectée à une moitié de chantier, ou bien se relayaient : tandis que l'une œuvrait, l'autre était en congé et reprenait la besogne la décade suivante. En cas de travail intensif, les deux équipes étaient occupées et elles se reposaient en même temps pendant un jour ou deux à la fin de la décade. Telle devait être la règle générale sur les chantiers et même dans les champs, le roulement des équipes et leur mobilité étant un trait saillant de l'organisation du travail. La répartition des ouvriers par équipes savamment composées, mobiles et placées sous l'autorité d'un contremaître, est d'ailleurs typique de l'organisation en Égypte ancienne. Des comptabilités du Moyen Empire nous laissent pantois d'admiration devant l'organisation précise d'un chantier de construction ; des procédés comptables raffinés enregistrent de manière croisée le personnel (nombre et qualité des travailleurs), le temps passé, les dépenses, la production.

Comme c'est d'ailleurs le cas en matière d'élevage et d'agriculture, une comptabilité entretenue et orchestrée par des armées de scribes régit tous les travaux publics : enregistrement des outils et des matériaux, modalités de transport, listes de personnel, rations d'entretien et salaires.

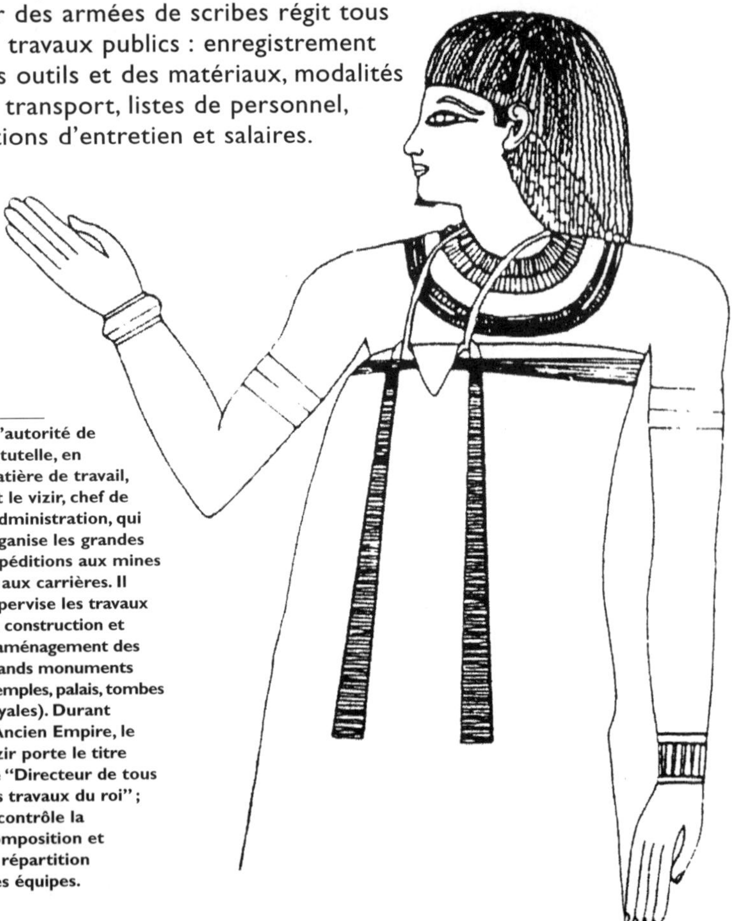

L'autorité de tutelle, en matière de travail, est le vizir, chef de l'administration, qui organise les grandes expéditions aux mines et aux carrières. Il supervise les travaux de construction et d'aménagement des grands monuments (temples, palais, tombes royales). Durant l'Ancien Empire, le vizir porte le titre de "Directeur de tous les travaux du roi" ; il contrôle la composition et la répartition des équipes.

Les grands travaux du pharaon

L'univers minéral des anciens Égyptiens reflète des croyances multiples et complexes en rapport avec la création du monde et le maintien de l'ordre cosmique à travers la royauté. Le symbolisme des pierres à bâtir codifie leur emploi. Calcaire, granit, grès, brèche, grauwacke, etc., sont utilisés selon des choix ancestraux, en fonction de leurs propriétés et de leur signification sacrée. Les expéditions aux mines et aux carrières marquent les règnes des principaux pharaons. Elles sont organisées par le vizir, chef de l'administration. Une expédition minière doit être administrée comme une entité économique : magistrats, fonctionnaires, scribes, matelots pour le transport des blocs de pierre par bateau ; cordonniers, chasseurs et pêcheurs, équipes de ravitaillement (brasseurs, meuniers, boulangers) accompagnaient les ouvriers spécialisés (carriers, tailleurs de pierre) et leurs manœuvres.

Le pharaon Chéops aurait porté à son paroxysme la participation de la population à des travaux gigantesques pour la construction de sa pyramide, destinée en fin de compte à protéger rituellement son peuple.

Les uns durent, depuis les carrières de la chaîne Arabique, traîner jusqu'au Nil les blocs de pierre qu'on en tirait ; d'autres eurent la tâche de recevoir ces pierres, passées en barques sur l'autre rive, et de les traîner jusqu'à la montagne que l'on appelle la chaîne Libyque. Cent mille hommes travaillaient à la fois, relevés tous les trois mois. Il fallut d'abord dix années de ce labeur écrasant pour construire la chaussée par laquelle ils traînaient les pierres, chaussée qui représente à mon avis un travail presque aussi considérable que la pyramide, car elle est longue de cinq stades, large de dix orgyies et haute, à son point le plus élevé, de huit orgyies ; elle est faite en pierres polies sur lesquelles sont gravées des figures. Les dix premières années se passèrent donc à faire la chaussée, ansi que les chambres souterraines creusées dans la colline sur laquelle sont bâties les pyramides ; le roi destinait ces chambres à sa sépulture et, pour qu'elles fussent dans une île, il fit amener l'eau du fleuve par un canal. Il fallut vingt ans pour construire

la pyramide elle-même, qui est carrée ; chacune de ses faces a huit plèthres de long, autant en hauteur ; elle est faite de pierres polies parfaitement ajustées, dont aucune n'a moins de trente pieds.

Voici comment on construisit cette pyramide, par le système des gradins successifs que l'on appelle tantôt *krossai,* corbeaux, tantôt *bomides,* plates-formes. On la construisit d'abord sous cette forme, puis on hissa les pierres de complément à l'aide de machines faites de courtes pièces de bois ; on montait la pierre du sol jusqu'à la première plate-forme ; là, on la plaçait dans une autre machine installée sur le premier gradin, et on la tirait jusqu'au deuxième gradin, où une troisième machine la prenait. Il y avait autant de machines qu'il y avait de gradins, à moins cependant qu'il n'y en ait eu qu'une seule facile à déplacer et qu'on transportait d'un gradin à l'autre, sitôt déchargée (ceci pour indiquer les deux procédés que rapporte la tradition). On acheva donc le sommet de la pyramide, puis les étages en dessous, l'un après l'autre, et l'on finit par les gradins inférieurs et la base de l'édifice. On a mentionné sur la pyramide, en caractères égyptiens, le montant de la dépense en raifort, oignons et ail, pour les ouvriers et, si mes souvenirs sont exacts, d'après l'interprète qui m'a traduit l'inscription, la somme s'est élevée à mille six cents talents d'argent. S'il en est ainsi, quelle dépense supplémentaire fut-il logiquement envisager pour le fer des outils et pour la nourriture et le vêtement des ouvriers, puisqu'ils ont mis le temps que j'ai dit à faire ces ouvrages, et qu'il leur a fallu de plus, je pense, celui de tailler et d'amener les pierres et de creuser les chambres souterraines, travail assurément fort long ?
(Hérodote, *L'Enquête*, livre II, éd. Barguet)

À toutes les époques, le retour sain et sauf constitue l'épilogue heureux d'une expédition aux mines.

Un Compagnon excellent dit alors : "Sois tranquille, prince. Nous voici arrivés au pays : le maillet a été saisi, le pieu a été frappé, l'amarre d'avant reposant déjà sur le sol. On rend grâces, on glorifie Dieu et chacun embrasse son camarade. Notre équipage est revenu indemne, sans qu'il y ait eu de perte pour notre troupe. Nous avons atteint l'extrémité du pays d'Ouaouat et avons dépassé l'île de

Senmout. Voici donc que nous revenons en paix ; notre pays, nous y arrivons. Écoute-moi, prince, car je suis exempt d'exagération. Lave-toi, mets de l'eau sur tes doigts, de sorte que tu puisses répondre quand on s'adresssera à toi. Parle au roi en pleine possession de toi-même et réponds sans balbutier. La bouche de l'homme peut le sauver, sa parole peut faire qu'on lui soit indulgent. Agis néanmoins à ta guise, cela va sans dire ! Je vais te raconter quelque chose de semblable qui m'est arrivé à moi-même tandis que j'allais aux mines du Souverain et que j'étais descendu sur la Très-Verte à bord d'un navire de cent vingt coudées de long sur quarante coudées de large.
(Lefebvre, *Romans et contes*, "Conte du Naufragé")

Les anciens Égyptiens avaient acquis, à l'époque du Néolithique, une telle maîtrise de la pierre et des outils de silex que ce matériau continua à être utilisé durant toute la période pharaonique.

Artisans et dieux créateurs

Khnoum, le dieu potier d'Éléphantine, et Ptah, le grand métallurgiste de Memphis, sont des dieux créateurs. Ils témoignent des premières activités humaines de transformation de la matière et du rôle fondamental joué par les artisans dans la constitution de la société égyptienne. Le dieu Ptah, servi par un grand prêtre qui porte le titre d'"Artisan du Très-Puissant" (autre traduction possible : "le plus Grand Chef des Artisans"), aidé de ses nains orfèvres, officie au cœur d'un atelier mythique aux prolongements alchimiques et démiurgiques. Les artisans sont nombreux et l'artisanat diversifié en Égypte ancienne : potiers, métallurgistes, tailleurs de pierre, sculpteurs, peintres, charpentiers, menuisiers, maroquiniers, orfèvres, joailliers

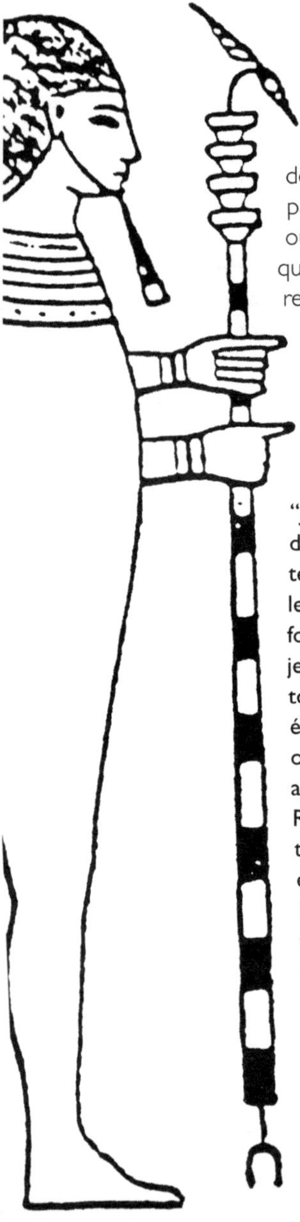

sont regroupés dans des ateliers qui prospèrent autour du palais, des temples et des grands domaines. Le filage de la laine et du lin, le tissage des étoffes sont à certaines époques des travaux exclusivement féminins ; les femmes participent également à la fabrication artisanale ou domestique du pain et de la bière, tandis que les métiers de bouche ou la vinification requièrent un personnel masculin qualifié.

Le dieu créateur Khnoum, modèle pour les artisans, façonne les humains sur son tour de potier.

Paroles dites par Khnoum, seigneur de Her-Our : “Je t’ai façonnée, toi qui es issue du corps de ce dieu, seigneur de Karnak. Je suis venu à toi pour te donner une forme supérieure à celle de tous les autres dieux. Je te donne toute vie et toute force, toute stabilité et toute joie auprès de moi : je te donne toute prospérité en même temps que toutes les terres d’Égypte. Je te donne tous les pays étrangers, et le peuple en entier. Je te donne toute offrande et toute nourriture. Je fais en sorte que tu apparaisses en gloire sur le trône d’Horus, comme Rê […], que tu demeures à la tête des *kas* de tous les vivants, toi qui t’es levée en roi de Haute et de Basse-Égypte (il s’agit de la reine-pharaon Hatchepsout), conformément à ce qu’a ordonné ton père Amon qui ne cesse de t’aimer.
(Lalouette, *Textes*, I)

Les artisans jouissent d’une grande considération ; les premiers d’entre eux, qu’ils soient maroquiniers, charpentiers ou orfèvres reçoivent la récompense suprême : une belle sépulture pourvue d’un appareil funéraire.

Prêtre-pur du roi, attaché aux affaires du roi, possesseur de la condition d'*imakhou* auprès de son seigneur, serviteur du *ka*, secrétaire de la pyramide "Mykérinos est divin", l'ouvrier du cuir, Outa.

Le directeur des maroquiniers, fabricant des boîtes des actes royaux, secrétaire, qui faisait les choses selon le désir de son seigneur dans le travail des ouvriers du cuir, Outa.

Le directeur du tannage, cordonnier du roi qui fabriquait les choses en tant que cordonnier du roi selon le désir de son seigneur, Outa.

Le directeur des ouvriers des parchemins, qui faisait le rouleau de cuir du prêtre-lecteur selon le désir de son seigneur conformément aux ordres, et qui faisait les choses près du bureau du roi, quand il lui arrivait d'être assis (pour travailler) dans la cour à portique, Outa. (Roccati, *Littérature*)

Faire une libation (pour) Rê-Horakhty (lorsqu')il se lève à l'horizon du ciel. [Faire une invocation d'offrandes (?)], pains, bière, bœufs, volailles, eau fraîche, vin, encens, lait, toutes choses bonnes et pures, [...] et toutes sortes d'offrandes végétales pour le *ka* du chef des fabricants de feuilles

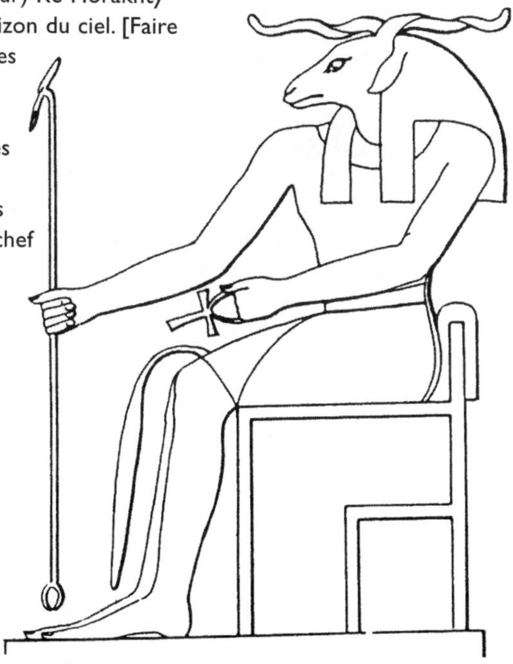

A droite, Khnoum d'Éléphantine, le dieu à tête de bélier. À gauche, Ptah de Memphis, toujours représenté sous forme humaine, enveloppé d'une sorte de suaire recouvert d'une résille, la tête enserrée dans un bonnet de couleur bleue. Il tient trois symboles réunis dans un seul sceptre : *ânkh* vie), *ouas* (domination), *djed* (stabilité).

d'or, Ptahmay, justifié, de l'Osiris, chef de l'équipe des blanchisseurs, Mehy, justifié, et de la maîtresse de maison, Ty, justifiée., (Zivie-Coche, *BIFAO*, 75)

La satire des métiers

Nous connaissons les multiples activités des artisans en Égypte ancienne essentiellement par l'image.
Les reliefs des mastabas et les peintures des hypogées nous renseignent de manière précise à ce sujet. *La Satire des métiers*, qui décrit les inconvénients d'un certain nombre de professions, est l'un des textes suivis évoquant la vie des artisans ; toutefois, il s'agit là d'un texte de rhétorique, enseigné et recopié dans les écoles des temples (les "Maisons de vie") pour empêcher les élèves de se tourner vers d'autres professions que celle de scribe.

Je voudrais faire en sorte que tu aimes les livres plus que ta mère, et je voudrais que leur beauté pénètre ton visage. Être scribe est la plus grande de toutes les professions, il n'y en a point de semblable dans le pays. Lorsqu'il a commencé de grandir, même s'il est encore un enfant, déjà on le salue : on l'envoie pour transmettre des messages, et il ne revient pas pour se vêtir du tablier (de travail). Je n'ai jamais vu de sculpteur en mission, ni d'orfèvre que l'on dépêchât.
(Lalouette, *Textes*, I)

Le forgeron est brûlé par son four, le menuisier accablé de labeur, le tailleur de pierres a le dos rompu, le barbier n'a pas un instant à lui et l'arracheur de papyrus est dévoré par les moustiques.

Mais j'ai vu le forgeron au travail, à la gueule de son four ; ses doigts sont comme de la peau de crocodile,

et il sent plus mauvais que des œufs de poisson. Chaque menuisier qui empoigne l'herminette est plus fatigué que ceux qui manient la houe ; son champ, c'est le bois, et sa houe est en cuivre. Durant la nuit, lorsqu'il est libéré, il travaille encore, au-delà de ce que ses bras peuvent faire ; pendant la nuit, il brûle la chandelle. Le tailleur de pierres découpe excellemment toutes sortes de pierres dures, mais lorsqu'il a terminé, soucieux de bien faire, ses bras ont péri, il est épuisé ; s'il s'assied, au crépuscule, ses genoux et sa colonne vertébrale sont ployés. Le barbier rase jusqu'à la tombée du soir ; lorsqu'il se rend à la ville, il se place dans son secteur et il va de rue en rue, cherchant qui raser ; il use ses bras pour emplir son ventre, comme l'abeille qui se nourrit en travaillant. L'arracheur de papyrus remonte le fleuve vers les marais, afin de couper pour lui les tiges ; lorsqu'il a travaillé au-delà de ce que ses bras peuvent faire, les moustiques l'ont massacré, les mouches des sables l'ont tué, il va mal, il est rompu. *(Ibid.)*

Le scribe décorateur pose une dernière touche sur l'œuvre terminée ; il s'agit d'un sarcophage momiforme, en bois, fabriqué dans un atelier de mobilier funéraire.

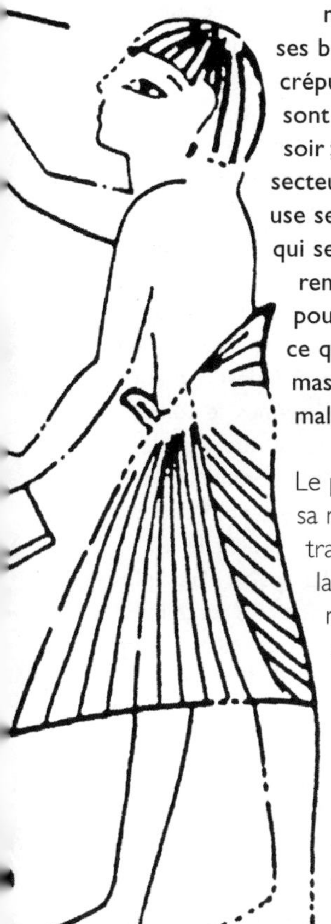

Le potier s'asphyxie à la tâche, avant de livrer sa marchandise de maison en maison ; le maçon travaille en plein vent, ses mains sont salies par la terre et la paille hachée ; le charpentier gagne mal sa vie ; le jardinier et le paysan ploient sous la fatigue ; le tisserand est confiné dans son atelier, s'il s'absente il est roué de coups.

Le potier est sous sa marchandise, bien qu'il soit toujours debout parmi les vivants ; il arrache pour lui des plantes, plus qu'un porc, afin de faire chauffer ses pots. Ses vêtements sont raides de limon, sa ceinture est en lambeaux. L'air qui entre dans son nez sort, brûlant, du feu. Lorsqu'il fait le pilon avec ses pieds, il en est lui-même écrasé. Puis, il pénètre dans la cour de chaque maison et parcourt les rues. Je te parlerai encore du maçon ; ses reins sont douloureux ; il est dehors, en plein vent ; il travaille sans tablier, sa ceinture est simplement une corde à la taille, qui pend par derrière ; ses bras ont pratiquement disparu, mélangés qu'ils sont à toutes sortes de souillures. Lorsqu'il mange du pain, il lave ses doigts en même temps ! Cela va mal aussi pour le charpentier, lorsqu'il travaille le bois. Dans le cas de la couverture d'une maison de dix coudées sur six, un mois passe encore après la pose des poutres, afin de mettre en place les châssis et les chambranles ; ensuite tout son travail, à lui, est accompli. Mais les aliments qu'il rapporte chez lui ne sont pas (suffisants) pour que ses enfants prennent force. Quant au jardinier qui transporte la grande perche, ses épaules sont accablées, comme par le grand âge ; son cou présente un énorme gonflement, purulent. Il passe ainsi la matinée à arroser les légumes, le soir ce sont d'autres (plantes), après que, à midi, il a travaillé dans le verger (?). Lorsqu'arrive le temps du repos, il est mort. Le renom de cette profession est qu'elle est la plus difficile de toutes. Le travailleur des champs se plaint plus que la pintade, et ses cris sont plus forts que ceux du corbeau. Ses doigts sont enflés, chargés d'une excessive puanteur. Il se fatigue près des marais, de sorte qu'il est brisé. Il se sent aussi bien que peut se sentir un homme parmi les lions ; la souffrance est son lot, car la corvée est souvent triplée. Lorsqu'il revient chez lui, le soir, la marche l'a rompu. Le tisserand, dans son échoppe, il est plus mal qu'une femme ; ses genoux sont (remontés) juqu'à son cœur, et il ne peut pas respirer les brises. Lorsqu'il a gaspillé un jour – n'ayant pas tissé – il est frappé de cinquante coups

A Thèbes-Ouest, la tombe de Rekhmiré, vizir de Thoutmosis III (XVIIIe dynastie), est une des plus importantes pour les informations qu'on peut y recueillir, tant sur le rôle du vizir, sur ses fonctions administratives, que sur la vie de ses contemporains. Ci-dessus et ci-contre, un atelier de fabrication de vases en or et en argent.

de fouet. Il doit donner quelques aliments au portier, pour qu'il lui permette de voir la lumière. (*Ibid.*)

Le chasseur et le courrier sont constamment sur les routes, le chauffeur vit dans la fumée et la saleté, le cordonnier est très pauvre ; quant au blanchisseur, il doit éviter les crocodiles, et il lave les souillures des autres. Oiseleur et pêcheur ont des métiers aléatoires.

Le chasseur souffre beaucoup lorsqu'il va au désert. Ce qu'il donne à son âne est plus important que ce que lui rapporte son travail ; important aussi est ce qu'il doit donner aux bergers des marais pour qu'ils lui indiquent son chemin. Lorsqu'il revient le soir chez lui, la marche l'a brisé. Le courrier partant pour les pays étrangers lègue ses biens à ses enfants, par crainte des lions et des Asiatiques. Il reprend conscience (seulement) lorsqu'il est de nouveau en Égypte ; lorsqu'il s'approche de sa maison, le soir, le voyage l'a rompu. Et, que sa maison soit de toile ou de brique, il ne revient pas le cœur paisible. Le chauffeur, ses doigts sentent mauvais, leur odeur est celle des cadavres ; ses yeux sont enflammés par l'abondance de la fumée, et il ne peut chasser la saleté qu'elle provoque. Il passe la journée à couper des roseaux ; ses vêtements sont pour lui un dégoût. Le cordonnier, cela va très mal pour lui aussi ; il doit éternellement mendier ; il se sent bien comme se sentirait bien celui qui serait au milieu de cadavres ; ce qu'il se met sous la dent, c'est le cuir. Le blanchisseur lave sur la rive, il est près des crocodiles. Tandis que le père sort sur l'eau en crue, son fils ne peut s'approcher de lui. Ce ne doit pas être un métier satisfaisant à tes yeux, ni la plus distinguée de toutes les professions. En effet, la nourriture du blanchisseur est mêlée à toutes sortes

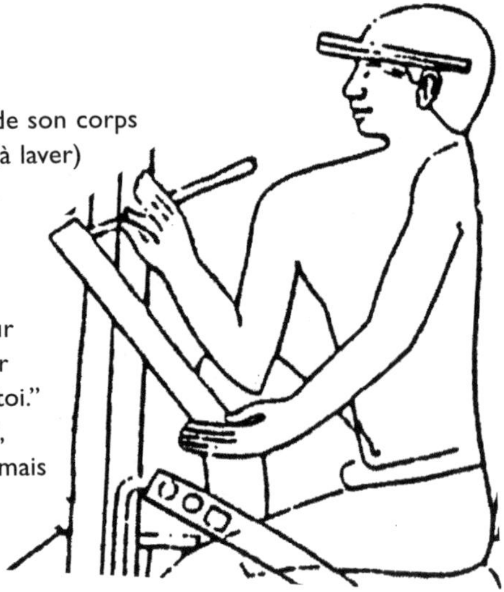

de souillures, et aucune partie de son corps n'est propre, car on lui donne (à laver) les vêtements de femmes ayant leurs menstrues. Il pleure, passant la journée à manier le pilon, la pierre étant à côté de lui. On lui dit : "Eh ! nettoyeur de saletés, viens jusqu'à moi, car la rive est glissante à cause de toi." L'oiseleur souffre beaucoup ; lui, il n'a pas de raison de plonger, mais il regarde vers le ciel. Lorsque les oiseaux des marais passent au-dessus de lui, il dit : "Ah ! si j'avais un nid !" Mais Dieu ne permettra pas que cela arrive ; et il demeure mécontent de son état. Je te parlerai aussi du pêcheur ; c'est le plus mauvais des métiers. Vois, il n'existe pas de travail sur le fleuve où l'on soit ainsi mêlé aux crocodiles. Lorsque vient le moment de régler les comptes, alors ce sont des lamentations ; il n'osera pas dire que c'était un crocodile qui était là et qui, en surgissant de l'eau en crue, l'a aveuglé de crainte, il dira : "C'est la puissance de Dieu."(Lalouette, *Textes*, I)

Par les scènes qui animent leurs parois, les tombeaux de l'Ancien Empire nous fournissent une multitude de renseignements sur la vie des domaines : agriculture, élevage, chasse, pêche, artisanat, sport, cérémonies, etc. Ci-dessus, le scribe omniprésent (mastaba de Ti, Ve dynastie).

Enfin, seul le scribe est son propre maître.

Vois-tu, il n'y a pas de métier qui soit exempt d'un chef, sauf celui de scribe, car c'est le scribe qui est son propre chef. Si tu connais les livres, tout ira très bien pour toi ; il ne doit pas y avoir d'autres métiers à tes yeux. Vois, quant à moi, je suis un homme de petite naissance ; mais on ne dira pas d'un tel homme que c'est un paysan. Alors, fais bien attention. Vois-tu, ce que je fais pour toi, en descendant le fleuve vers la Résidence, je le fais par amour pour toi. *(Ibid.)*

L'organisation du travail

Très tôt (dès l'Ancien Empire) les anciens Égyptiens ont eu le souci de l'organisation du travail. Les grandes constructions sont du ressort royal, mais la direction effective des travaux publics revient au vizir et aux "Directeurs de tous les travaux du roi", autrement dit les architectes en chef. La main-d'œuvre non spécialisée provient de réquisitions temporaires dans la population égyptienne et des prises de guerre hors des frontières, mais aussi d'engagements volontaires. Les "Bureaux de la main-d'œuvre" au niveau central, et les Conseils municipaux dans les provinces gèrent une masse laborieuse qui est affectée aux fonctionnaires ainsi qu'aux responsables de travaux divers, principalement agricoles et textiles. Les particuliers eux-mêmes peuvent obtenir et céder les services de ces dépendants qui ne sont pas des esclaves, car leur condition est beaucoup moins défavorable, tant au point de vue de leur statut personnel qu'à celui de leur situation économique. Du sommet à la base de la pyramide sociale, l'emploi génère des liens à la fois humains et mercantiles.

Une servante est mise au service de la ville, dans un acte de disposition transmis au bureau du vizir.

Le rapport contenu dans ce parchemin a été amené dans le bureau du vizir, il est ainsi rédigé : "Les mandataires des gens au sujet desquels vous avez écrit ont été interrogés. Ils ont dit : Nous donnons notre accord, de même que ses employeurs sont d'accord, pour l'attribution de la servante Senbet à la ville, conformément à la réclamation déposée à ce propos par notre frère, le greffier en chef Itefseneb" [...]. Les décisions furent soumises à la servante Senbet. (Smither, *JEA*, 34)

Une femme cède à un ouvrier les journées de sa servante contre un grand nombre d'objets dont on dit seulement qu'ils sont évalués en argent.

An 3, 3e mois de la Moisson, 21e jour, en ce jour la dame X a cédé ses "journées de servante" à l'ouvrier Any : 10 jours par mois, ce qui fait 120 jours par an [pendant 4 ans], ce qui fait 490 jours. Liste (d'objets, évalués en) shâty d'argent qu'Any lui a donnés (en échange) : [...] (Total) : 18, 5 shâty.
(Cerny, *A Community of Workmen at Thebes*)

Un paysan se met au service d'un prêtre en échange des soins qu'il a reçus ; un contrat est rédigé, entouré des formules habituelles de garantie, signé par un notaire et de nombreux témoins.

An 2, 2e mois de la Moisson, sous le pharaon Amasis. Ce qu'a déclaré le cultivateur Peftouâoukhons, fils d'Hérioubast, et de Khâousenêsé, sa mère, au Consolateur-du-cœur-du-Père, Nessemteu, fils de Pétéisis : Je suis ton serviteur à temps complet, en compensation de ces soins médicaux que tu m'as prodigués en l'an 2, alors que j'étais sur le point de mourir. Je ne pourrai plus me considérer comme une presonne privée indépendante vis-à-vis de toi, jusqu'à (ce que je t'aie remboursé) tout argent, tout grain, toute chose au monde, (solidairement) avec mes enfants nés et à naître, et avec ce qui m'appartient et ce que je vais acquérir, avec les vêtements que

Le commerce n'avait pas en Égypte ancienne, pays d'agriculture et d'élevage, la place importante qu'il occupait au Proche-Orient. Le commerce intérieur, dans le système domanial qui formait la structure fondamentale de l'économie pharaonique, était exercé dans la pratique par des sortes de courtiers relevant de diverses institutions. Ces gens proposaient les marchandises d'un domaine à l'autre, et leur statut était plutôt méprisé. Un commerce extérieur de grande envergure était également pratiqué par mer, spécialement au Nouvel Empire, avec des partenaires à vocation marchande, comme les cités côtières de Syrie et de Phénicie.

je porte sur le dos, à partir de l'an 2, 2e mois de la Moisson, et pour toute année à venir. (Papyrus Rylands V)

Si chacun doit respecter le contrat tacite qui régit les activités de production ou de transformation, la non-observance des principes qui en sont la base entraîne des perturbations dans la marche des travaux. Grèves et mutineries ne sont pas rares sur les chantiers.

An 11, premier mois de la Moisson, 23e jour. Le directeur de l'expédition dit : "La lettre du grand juge et vizir a été apportée à ce serviteur, pour amener la troupe des équipes de Tourah (les carrières de calcaire blanc) afin de recevoir des vêtements en sa présence dans l'Enceinte de l'ouest. Or, ce serviteur proteste contre ces requêtes étranges. Le préposé au courrier est venu en bateau à Tourah (pour amener l'ordre du vizir). Voici que ce serviteur a passé six jours à la Résidence avec cette troupe sans qu'elle reçoive les vêtements, et c'est un préjudice causé au travail dont ce serviteur a la charge ; en effet, un seul jour aurait suffi à être perdu par cette troupe pour recevoir les vêtements !" Ce serviteur dit : Que le préposé au courrier reçoive les instructions.

(D'après Roccati, *Littérature*)

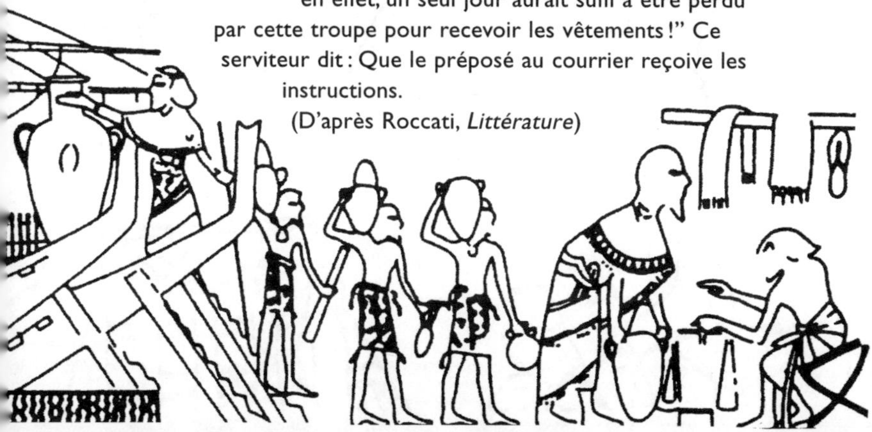

5. La vie domestique et sociale

En raison de l'amplitude de l'échelle sociale en Égypte ancienne, la même question se pose, tout au long de notre exploration de la vie quotidienne : ce que nous savons, grâce surtout aux scènes sculptées ou peintes dans les tombeaux des princes et des riches fonctionnaires, peut-il être appliqué aux classes modestes de la société ? Compte tenu de quelques facteurs, comme l'existence du génie d'un peuple, résultat de ses aptitudes et de son environnement, ou la tendance des gens de petite condition à imiter les aristocrates fortunés qu'ils côtoient, avec les moyens dont ils disposent, nous pouvons généraliser la plupart des résultats de notre enquête. Deux constats nous y autorisent : d'une part, l'échantillonnage fourni par la communauté artisanale et ouvrière de Deir al-Medîna, d'autre part, le fait que les parois des tombes nobles reproduisent avec une grande précision les activités des maisons princières, avec tous les acteurs qui en font partie, jusqu'au plus humble.

Au demeurant, les préoccupations journalières des anciens Égyptiens relèvent de l'éternelle condition humaine et rejoignent les nôtres : repas, soins en cas de maladie, travail, loisirs, fêtes, éducation des enfants.

Les tombeaux de l'époque pharaonique sont prolixes en images d'agapes funéraires qui, par leur pouvoir magique, perpétuent les repas pris au cours de la vie ; en revanche, peu de textes nous renseignent sur les menus et les plats préférés des Égyptiens anciens. Boisson et nourriture sont les préoccupations du quotidien, et la consommation familiale relève de la compétence de la maîtresse de maison. Les nobles sont bien entendu mieux pourvus que les fonctionnaires de rang modeste, les artisans ou les paysans.

Les “pancartes” ou tableaux d’offrandes qu’ils font représenter dans leurs tombeaux reflètent leur idéal diététique transposé dans l’autre vie : la base en “pain-bière” figure dans l’énoncé à côté des volailles et des quartiers de viande ; l’image complète l’énumération : sur les guéridons placés devant le défunt sont dressés toutes sortes de légumes et de fruits dont certains (laitues, mandragores) font sans doute allusion à l’activité sexuelle.

Les médecins égyptiens jouissaient dans l’Antiquité d’une réputation internationale. Fonctionnaires, ils étaient rémunérés par l’État ; à côté d’eux, le clergé guérisseur de la déesse-lionne Sekhmet était également constitué de praticiens habiles, médecins et vétérinaires à la fois ; un médecin pouvait d’ailleurs cumuler sa fonction avec une charge de prêtrise au service de Sekhmet.

La pratique de la momification avait enseigné très tôt aux embaumeurs-chirurgiens les principes de l’anatomie. La physiologie, en revanche, semble en être restée à un stade

L’économie domaniale de l’Égypte ancienne sert de cadre à des échanges commerciaux de proximité, soit entre producteurs de marchandises et de denrées variées, soit par l’intermédiaire de courtiers et de colporteurs. Dans le système du troc, chacune des parties fait une offre et une demande, ce qui crée des difficultés d’ajustement. Aussi, dès l’Ancien Empire, une “monnaie” fut inventée sous forme d’unités pondérales de métaux précieux et servant comme terme d’échange, moyen d’évaluation et instrument d’épargne.

assez peu développé, les rapports entre les organes et leurs fonctions n'étant pas toujours très bien compris. De grandes facultés d'observation, toutefois, et une connaissance approfondie des plantes, des minéraux et des produits d'origine animale, permettent au médecin d'élaborer de manière empirique des remèdes qui sont souvent pertinents, mais dont les ingrédients peuvent parfois surprendre : chiures de mouches, souris cuite, poils de bouc...

Chaque habitant joue un rôle à sa mesure dans la vie publique et peut nouer, dans son propre milieu, des relations contractuelles avec ses proches, ses voisins ou ses supérieurs hiérarchiques.

En Égypte ancienne comme ailleurs, la justice doit de temps à autre intervenir pour régler les conflits et rétablir les droits de chacun.

Le roi est le juge suprême ; il délègue toutefois une part importante de ses fonctions au vizir, chef de l'administration. Dans les capitales majeures du pays, des cours rendent la justice au plus haut niveau (avant le recours au vizir puis au roi) mais, à tous les échelons de la hiérarchie administrative, les responsables peuvent exercer la fonction judiciaire et au moins agir comme arbitres. Des hauts fonctionnaires investis de charges administratives jusqu'au chef d'équipe d'un chantier, chacun peut avoir à régler un conflit.

Le pain quotidien

Le repas est un moment et un acte importants pour les anciens Égyptiens : les victuailles ingérées contribuent non seulement à la santé et à la robustesse du corps, mais entretiennent l'énergie vitale, c'est-à-dire le ka, un des principaux éléments immortels de la personnalité humaine. La boisson nationale est la bière, brassée à partir de l'orge germée, plus ou moins édulcorée avec du jus de dattes. Les grands vins sont réservés à la famille royale et aux nobles ; les vignobles du delta, situés sur les bords du "fleuve de l'Ouest" (la rive gauche du delta du Nil, le long du désert libyque), sont fameux ; dans l'ensemble de la population, des vins de moindre qualité sont consommés à l'occasion des fêtes, de même que des boissons fermentées obtenues avec d'autres fruits, telles dattes, figues et grenades.

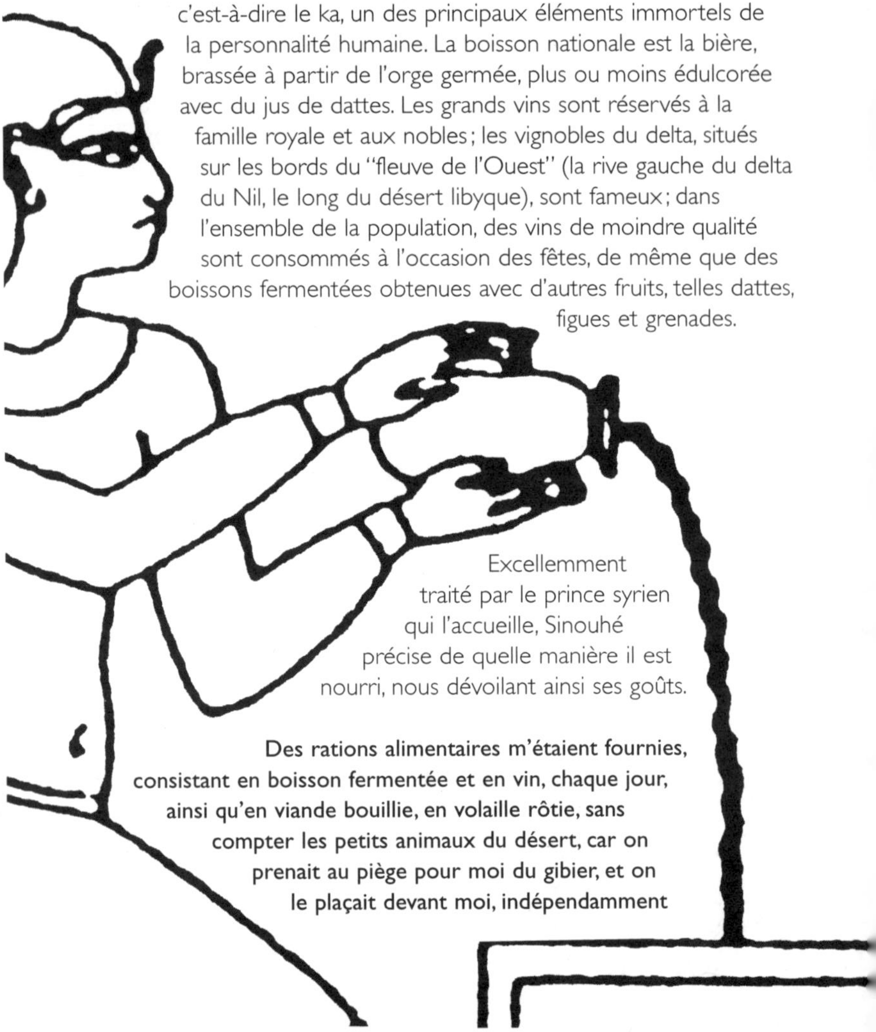

Excellemment traité par le prince syrien qui l'accueille, Sinouhé précise de quelle manière il est nourri, nous dévoilant ainsi ses goûts.

Des rations alimentaires m'étaient fournies, consistant en boisson fermentée et en vin, chaque jour, ainsi qu'en viande bouillie, en volaille rôtie, sans compter les petits animaux du désert, car on prenait au piège pour moi du gibier, et on le plaçait devant moi, indépendamment

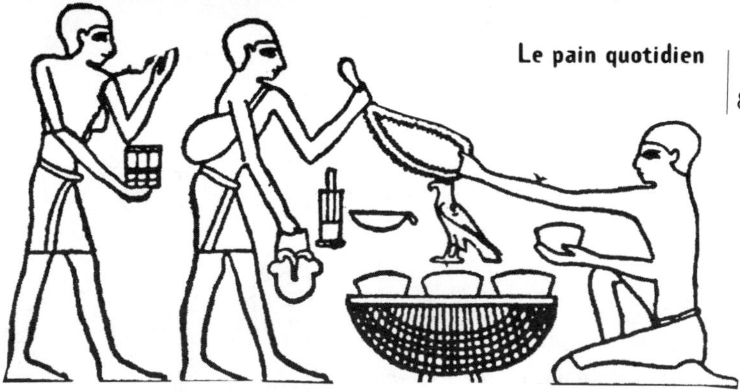

de ce que rapportaient mes chiens de chasse.
On me fournissait aussi de nombreux gâteaux;
il y avait du lait dans tout ce qui était cuit.
(Lefebvre, *Romans et contes,* Roman de Sinouhé)

L'articulation entre le texte et l'image fait la force des scènes de la vie quotidienne représentées sur les parois des tombeaux : comme dans les bandes dessinées, les phylactères explicitent l'action décrite par l'image.

La médecine

La médecine pharaonique se caractérise par un mélange complexe de magie et d'approches "scientifiques". Plusieurs papyri ont conservé le savoir médical de l'ancienne Égypte. Diagnostic et pronostic y tiennent une place importante. Une fois la maladie identifiée, après l'examen du patient, elle est classée dans l'une des trois catégories suivantes : maladie que l'on peut guérir, maladie avec laquelle on doit se battre, maladie contre laquelle on ne peut rien. Des traitements remarquables pour l'époque (trépanation, par exemple) voisinent avec des remèdes de bonne femme.

Dès l'Ancien Empire, la position sociale du médecin royal est prestigieuse.

Médecin de la Résidence, inspecteur de la Résidence, qui fait ce qui plaît à son dieu, chaque jour, prêtre d'Anubis, préposé de Sépa [...] dans la Maison de Vie, médecin de la Résidence et secrétaire du roi dans tous ses bureaux [...] *imakhou* auprès du roi dans le Double Grenier et le Double Trésor, en tout lieu où on fait l'offrande au roi, le médecin de la Résidence, Niankhrê.
(D'après Roccati, *Littérature*)

Certains antitussifs, pommades, collyres ou autres laxatifs présentent dans leurs composantes des propriétés adaptées à l'affection traitée, d'autres remèdes font aussi la part de la magie.

Durant toute la période pharaonique, et spécialement au Nouvel Empire, la médecine égyptienne connut un immense succès, jusqu'à l'extérieur des frontières ; cette réputation contribuait à la renommée du pays, et les médecins s'en voyaient récompensés (ci-dessus, au moyen d'une remise de colliers d'or).

Commencement des remèdes pour faire disparaître la toux : coloquinte fraîche, à mettre avec de l'eau dans un vase neuf. À boire pendant quatre jours. [...]

Autre remède pour faire disparaître la toux : crème ; cumin plongé dans du miel. À faire manger au malade pendant quatre jours.
(Lefebvre, *Essai sur la médecine égyptienne*)

La parole, par son pouvoir magique, renforce les vertus de la prescription médicale.

Incantation pour un coryza : Écoule-toi, coryza, fils du coryza, (toi) qui brises les os, qui fracasses le crâne, qui taraudes le cerveau, qui rends malades les sept trous de la tête, serviteurs de Rê et adorateurs de Thot. Voici que j'ai apporté un remède spécifique contre toi, une potion spécifique contre toi : du lait d'une femme qui a mis au monde un garçon et de la gomme odorante. Qu'il te chasse et qu'il t'expulse, qu'il t'expulse et qu'il te chasse ! À terre, puanteur, puanteur !

À réciter quatre fois sur du lait d'une femme qui a mis au monde un garçon et sur de la gomme odorante. À mettre dans le nez.

Voici deux recettes de pommades oculaires.

Autre remède pour empêcher un cil de repousser dans l'œil, après qu'il en aura été extirpé : Résine de térébinthe. À broyer avec : fiente (?) de lézard, 1 ; sang de bœuf, 1 ; sang d'âne, 1 ; sang de porc, 1 ; sang de chien, 1 ; sang de chèvre, 1 ; galène, 1 ; chrysocolle, 1. À broyer fin avec ces divers sangs, et à mettre à la place de ce cil, après qu'il aura été extirpé. Il ne pourra plus repousser.

Autre (remède) pour empêcher un cil de repousser dans l'œil, après qu'il en aura été extirpé : Chiures de mouches, 1 ; ocre jaune, 1 ; urine, 1. À piler et à mettre à la place où était ce cil, après qu'il aura été extirpé.

(*Ibid.*)

La composition de quelques laxatifs est en tous points conforme aux propriétés des ingrédients.

Remède pour relâcher le ventre : Cheveux de la terre (souchet comestible), 1 ; graines de pin pignon, 1 ; graisse d'oie, 1 ; miel, 1 ; bière douce, 1. À réduire en une masse et à boire pendant quatre jours.

Autre remède pour libérer le ventre et (faire) descendre toutes choses mauvaises qui sont dans le corps du malade : Cheveux de la terre, 1/8 ; miel, 1/8 ; dattes, 1/64 ; caroubes, 1/64. À réduire en une masse et à prendre pendant un jour.

Autre (remède) pour provoquer la défécation : Plante-*gengenet*, 6 – elle est comme les fèves de Crète ; graines du souchet comestible – qu'on appelle aussi cheveux de la terre. À broyer fin, à mettre dans du miel. (Ce) sera mangé par le malade et avalé avec du vin de palme, 1/64.

Autre (remède) : Une mesure-*hin* d'orge passée au four et complètement séchée. À transformer en gâteaux, à mettre dans de l'huile, et (ce) sera mangé par le malade qui ne peut pas aller à la selle.

Autre (remède) pour libérer le ventre et faire disparaître la maladie dans le ventre d'un individu : Graines de ricin. À mâcher et à avaler avec de la bière, jusqu'à ce que tout ce qui est dans son ventre en sorte.

(*Ibid.*)

On y ajoutera des exemples de vermifuges pour rejeter le ténia.

Coloquinte, 1/8 ; ocre jaune, 1/64 ; mucilage fermenté, 1/64 : 2 ; huile blanche, 1/8 ; bière douce, 1/16 + 1/64. À cuire, puis on en boira. Cela amène la destruction du ver-*péned*.

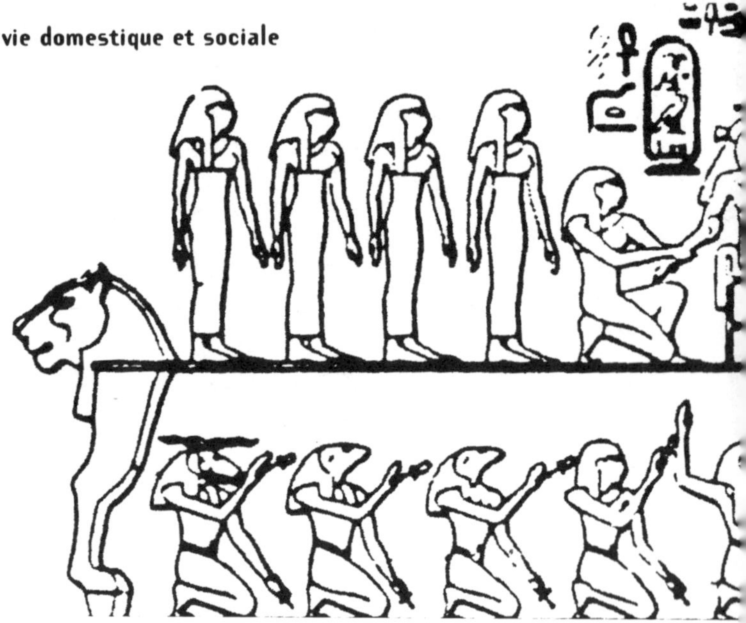

Autre (remède) : Graines de genévrier, 1/64 ; huile blanche, 1/64. À boire pendant un jour.

Autre (remède) : Cheveux de la terre, 1 ; cœur d'oiseau-*mécha*, 1 ; miel, 1 ; vin, 1 ; plante-*innek* (conyze ou thym ?) 1 ; bière douce, 1. À transformer en gâteau et à manger pendant un jour.
(Lefebvre, *Essai sur la médecine égyptienne*)

La gynécologie est une spécialité reconnue des médecins égyptiens.

Remèdes pour faire que la matrice d'une femme revienne à sa place : Sciure de sapin, à mettre sur de la lie. Un tampon d'étoffe en sera enduit, et tu feras que la femme s'assoit dessus. [...]

Autre remède pour des sensations de brûlure à l'utérus : Viscères de bœuf, 1 ; natron, 1 ; huile, 1. À réduire en une masse, puis à injecter dans le vagin.

Autre (remède) pour rafraîchir l'utérus et en faire disparaître la chaleur : épeautre et souchet odorant broyés dans de l'huile. À injecter dans le vagin. C'est là un médicament qui contracte l'utérus. (*Ibid.*)

Vu la valorisation de la maternité en Égypte ancienne et, par voie de conséquence, le mépris plus ou moins avoué qui s'attache à la stérilité féminine, les "tests de grossesse" sont multiples et parfois étranges, tel celui qui préconise des fumigations dans l'appareil génital de la femme au moyen d'excréments d'hippopotame.

Si elle vomit aussitôt avec sa bouche, elle n'enfantera jamais ; si elle laisse aussitôt échapper des vents de son derrière, alors elle enfantera.

[...]

Moyen de distinguer une femme qui enfantera d'une femme qui n'enfantera pas : Pastèques ; fruits à peine mûrs du sycomore. À broyer et à mélanger avec du lait d'une femme qui a mis au monde un garçon, puis en faire un médicament à avaler. Il sera alors avalé par la femme.

Si elle vomit, elle enfantera ; si elle fait des vents, alors elle n'enfantera jamais.

(*Ibid.*)

Dans une réponse toute militaire à son homologue hittite, le pharaon Ramsès II accède à la requête de son "frère", mais fait valoir avec quelque scepticisme que la médecine, même égyptienne, a ses limites.

Voyons maintenant, en ce qui concerne Maranazi, la sœur de mon Frère, (moi) le roi ton frère, je la connais. Elle a cinquante ans ? Jamais ! Elle en a soixante, c'est évident ! [...]

Personne ne peut lui fabriquer de médicaments lui permettant d'avoir des enfants. Mais, naturellement dans le cas où le dieu-soleil et le dieu de l'orage (Rê et Baal, les dieux des rois respectifs) le souhaitent [...] j'enverrai un bon magicien et un médecin capable, et ils lui prépareront quelque drogue pour la procréation.
(Kitchen, *Ramsès II, le pharaon triomphant*)

Enfin, la lutte contre les morsures de serpents et leur venin relève de la compétence du magicien.

Cet homme qui souffre,
Nout (le ciel) s'étend au-dessus de lui,
Geb (la terre) le supporte !
Mettez-lui son cœur en son corps !
Faites-le revivre comme vous avez animé le cœur de Rê, lors de l'attaque de Nouhiho (génie ennemi de Rê) !
Écartez ce venin qui est dans tous les membres de cet homme, comme vous avez écarté le venin d'Apophis qui était dans le corps du grand dieu !
Ô cœur de cet homme qui souffre, relève-toi !
voici deux grands dieux qui sont ta protection :
Levant les yeux vers le ciel, j'ai vu Rê
– or il te conjure !
Regardant vers le sol, j'ai vu Geb
– or il te conjure !
Le cœur de cet homme souffrant s'est relevé :
Le venin est mort !
(Sauneron, *Le Monde du sorcier*)

Le carpe diem

À l'époque pharaonique, la fête tient une place de choix dans la vie publique et religieuse comme dans la vie familiale. Le jeu en est aussi un élément important. Très tôt, des jeux de société sont inventés, comportant cases et pions dont de magnifiques exemplaires en ébène et en ivoire, datant des toutes premières dynasties, figurent dans les collections égyptologiques des grands musées. Jeux de hasard ou de réflexion, mais aussi rencontres sportives et jeux collectifs devaient animer soirées familiales et jours fériés. Prendre la vie du bon côté, jouir de l'instant présent, est un trait caractéristique et permanent des anciens habitants des bords du Nil où le *carpe diem* fut prôné près de deux mille ans avant Épicure.

Agenouillés, les harpistes aveugles animent les banquets de leurs chants nostalgiques. Ci-dessous, un musicien debout joue sur une harpe royale ornée de têtes, couronnées respectivement du *pschent* et de la couronne rouge.

Les "chants du harpiste" accompagnaient les banquets funéraires; les amis disparus sont évoqués; la vie passe aussi vite qu'un rêve et, de l'autre monde, nul n'est jamais revenu pour en faire la description, aussi "suis les désirs de ton cœur le temps de ta vie", est-il conseillé aux membres de l'assistance, invités à boire et à profiter des plaisirs du moment.

CHANT POUR ANTEF

Chant qui se trouve dans la tombe d'Antef, juste de voix, et qui est placé devant le harpiste :

C'est un homme prospère, ce bon seigneur. Un destin heureux est maintenant fini. Une génération passe et d'autres hommes viennent à sa place, depuis le temps des ancêtres. Ceux qui, autrefois, furent des dieux reposent dans leurs pyramides, les morts glorifiés de même. Mais ceux qui construisirent

des tombeaux, leurs résidences n'existent plus. Qu'en est-il donc advenu ?

J'ai entendu les discours d'Imhotep et de Djedefhor, dont les hommes partout prononcent les paroles, mais où est maintenant leur résidence ? Leurs murs sont détruits, leur emplacement n'est plus, comme s'ils n'avaient jamais existé.

Personne ne revient du lieu (où ils se trouvent) pour nous dire comment ils sont, pour nous dire de quoi ils manquent, afin d'apaiser nos cœurs, jusqu'à ce que nous allions (à notre tour) là où ils sont allés. Aussi, que ton cœur soit joyeux, qu'il oublie que, un jour, tu deviendras un *akh* (un esprit). Suis ton désir, tout le temps de ta vie. Place de la myrrhe sur ta tête, habille-toi de lin fin, et oins-toi avec les vraies merveilles qui appartiennent à Dieu. Accrois encore tes joies et ne permets pas que ton cœur s'attriste. Suis ton désir et les plaisirs que tu souhaites. Fais ce que tu veux sur la terre, n'afflige pas ton cœur, jusqu'à ce que vienne, pour toi, le jour des lamentations. Mais le dieu-au-cœur-tranquille n'écoute pas les lamentations, et les cris de deuil ne délivrent pas l'homme de l'au-delà.

REFRAIN :
Fais un jour heureux, sans te lasser !
Vois, personne n'emporte ses biens avec lui.
Vois, personne n'est revenu après s'en être allé.

(Lalouette, *Textes*, I)

Le bonheur terrestre est le prélude nécessaire à la félicité éternelle. En vertu du principe de justice immanente et rétributive qui a toujours prévalu en Égypte ancienne, le bonheur est la récompense du juste, ici-bas et dans l'au-delà, suivant une comptabilité rigoureuse des actions. Les inscriptions tombales du sage Pétosiris, grand prêtre de Thot (IVe siècle av. J.-C.), nous fournissent un tableau idéal du bonheur terrestre et ultra-terrestre.

Tu es riche en arbres resplendissants, en jardins pleins de fleurs [...], et tu prends du bon temps, chaque jour. On t'apporte les produits excellents de Pount ; quand tu entreras dans l'autre monde, ta tombe en sera pourvue ; les résines odorantes brûleront pour toi. [...]

Tu es entouré de chanteurs, beaux, joyeux de visage, agréables de voix comme Mérit, ils réjouissent ton cœur, [...] jusqu'à la tombée de la nuit, quotidiennement. Ces choses sont rassemblées pour toi, selon ton désir ; et tout cela s'est fait par l'action de Thot. Les choses utiles que tu as réalisées dans son temple, il te les revaudra [...].

Il t'accordera que ta fonction éminente reste dans ta maison ; il accordera que ton nom subsiste à l'intérieur de son temple. Et il t'accordera également une bonne sépulture après la vieillesse ; ta maison sera occupée par tes enfants, le fils succédant au fils, pendant la durée de l'éternité. Quiconque passera sur le chemin dira : Fidèle à son dieu, jusqu'à l'état d'*imakhou* ! [...]

Ta maison est pourvue de toutes bonnes choses, à la ressemblance de la maison des princes. Tes enfants sont nombreux dans ta demeure. Les fils succèdent aux fils comme personnages principaux de leur cité. Tes serviteurs, innombrables, font leur besogne, chacun d'eux selon sa fonction, ta maison étant pourvue du produit de leur travail, pour l'éternité. Ton tombeau, qui a été spécialement construit pour toi, est plus élevé que le tombeau de tes ancêtres et que le monument funéraire de tous les notables ; il est inscrit spécialement à ton nom en toute espèce d'inscriptions hiéroglyphiques, comme faisaient tes ancêtres à la suite des dieux. C'est ton maître Thot qui a fait cela en récompense de ce que tu as fait dans son temple.
(Lefebvre, *Le Tombeau de Pétosiris*)

Le *carpe diem* est clairement prôné par Sishou, le père de Pétosiris.

Buvez, enivrez-vous, ne cessez de faire la fête. Suivez les inspirations de vos cœurs, dans le temps que vous êtes sur la terre. [...] Quand un homme s'en va, ses biens s'en vont, et c'est celui qui les recevra en partage qui satisfera ses désirs à son tour. Il n'y a pas de soleil (qui brille spécialement) pour le riche [...], il s'en va aussitôt comme dans un rêve. Il n'est personne qui connaisse le jour où la mort vient : c'est l'œuvre de Dieu de rendre les cœurs oublieux à cet égard.
(*Ibid.*)

Instruire et transmettre

C'est auprès de leur père que les héritiers de familles nobles font leur apprentissage. Dans les classes moins aisées, on dirigera sa progéniture vers la profession de scribe, car seul ce métier (la haute carrière militaire n'est ouverte qu'aux lettrés) permet l'ascension sociale : grâce à son excellence, à son efficience et à son habileté, celui qui maîtrise l'écriture et qui possède les qualités de zèle, de docilité et de dévouement envers ses supérieurs pourra franchir les degrés de la hiérarchie administrative. La *Satire des métiers* est complétée par toutes sortes d'écrits au but similaire : encourager les écoliers à apprendre la lecture, les écritures (hiéroglyphique, hiératique, puis démotique), la rédaction des lettres, les us et coutumes et toutes les bonnes manières administratives, voire telle ou telle spécialité : médecine, géographie, astronomie, botanique, géométrie, théologie…

Le métier de soldat peut tenter les jeunes gens attirés par l'aventure, l'exotisme, une bonne solde et des rêves de butin.

Qu'as-tu dit ? Être soldat est une situation plus enviable que celle de scribe ? Viens, et

Le papyrus Rhind est un traité de mathématiques exposant plus de quatre-vingts problèmes avec leurs solutions. Le calcul des surfaces et des volumes répond souvent à des besoins pratiques, en agriculture ou en architecture : ainsi, le calcul de la contenance d'un récipient circulaire pour la mesure des céréales ou la recherche de la hauteur d'une pyramide (ci-dessous), dont on connaît la longueur d'un côté et la pente.

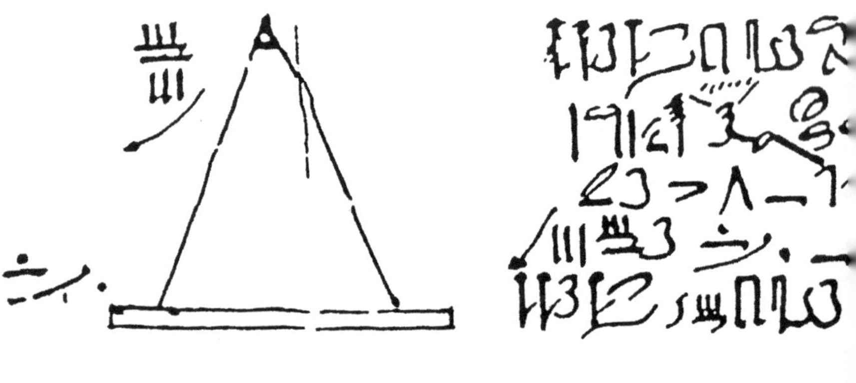

laisse-moi te décrire la vie et les tourments d'un soldat. Jeune garçon, il est emmené au loin et vit cloîtré dans des baraquements. Son corps est roué de coups, ses arcades sourcilières saignent et sa tête n'est qu'une plaie. Il est renversé et battu comme papyrus.

Voici à ton intention le récit de son voyage en Syrie : Il va à pied à travers les collines. Il porte son pain et son eau sur l'épaule. Son cou est marqué comme celui d'un âne, comme celui d'une bête de somme. Il ne boit que tous les trois jours, une eau saumâtre et nauséabonde ; son corps atteint de dysenterie souffre le martyre. Les ennemis arrivent, ils le cernent de leurs (jets de) flèches, tout (espoir de) vie s'évanouit ! Il parvient à rentrer en Égypte, mais il est vidé de sa substance, malade, saisi de prostration. Il voyage à dos d'âne. Des pillards volent ses vêtements et son serviteur s'enfuit.

Scribe, ne songe plus que le métier de soldat vaut mieux que celui de scribe !

(Kitchen, *Ramsès II, le pharaon triomphant*)

L'étudiant est périodiquement remis sur le bon chemin. Il doit mettre à profit les enseignements qui lui sont prodigués, et non passer son temps dans les "maisons de la bière", lieux publics accueillants dans lesquels les boissons étaient servies par de jeunes femmes aux mœurs légères.

Je viens d'apprendre que tu as abandonné tes études et que tu te perds dans les plaisirs, que tu erres de rue en rue, et que (l'endroit)

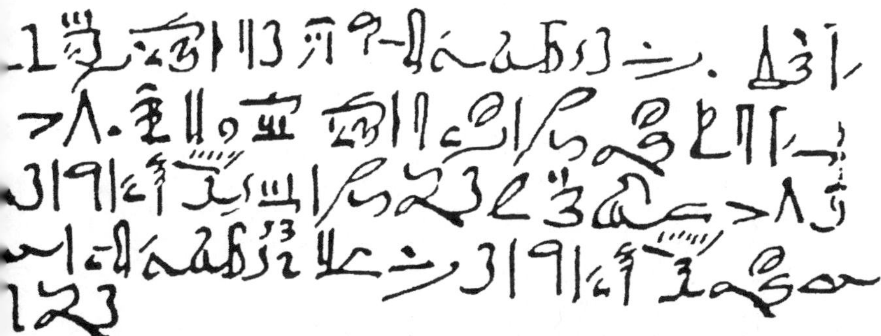

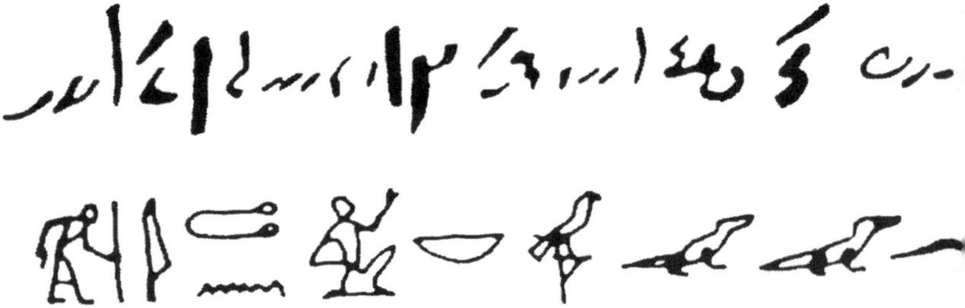

Dès l'Ancien Empire, une écriture cursive, le hiératique (en bas), fut employée dans les textes administratifs et littéraires écrits sur papyrus, concurremment aux hiéroglyphes gravés sur les monuments. À partir du VIIe siècle av. J.-C., une nouvelle écriture courante s'imposa : le démotique (en haut).

empeste la bière lorsque tu le quittes. La bière détruit l'homme et perd son esprit; tu deviens (alors) semblable à un bateau ivre [...]. On raconte que tu as escaladé les murs après avoir cassé les tabourets, que des hommes se sont enfuis parce que tu les avais blessés. Si seulement tu comprenais que le vin est une malédiction, tu renoncerais à la cuvée de grenade, tu ne songerais plus à la bière [...]. Tu as appris à jouer de la flûte, à jouer de la lyre [...]. Tu t'assois dans la maison des prostituées [...]. Tu te tiens devant la fille, enduit d'onguents, tes parures de fête autour du cou frappent ton ventre. Tu chancelles, tu t'écroules et tu te couvres d'immondices. (*Ibid.*)

L'idéologie politique

Les grandes lignes de l'idéologie politique de l'ancienne Égypte sont tracées dès le corpus constitutionnel de Narmer. La royauté pharaonique est une monarchie divine insérée dans le sacré pour le bien-être du peuple, pour la prospérité et le prestige de l'Égypte. Le pharaon exerce un pouvoir à la fois totalitaire et nourricier qui s'exprime en termes de dualité : par sa fonction gouvernementale (*heqa*) dont les principaux aspects sont l'activité rituelle et la construction de monuments sacrés, mais aussi l'organisation

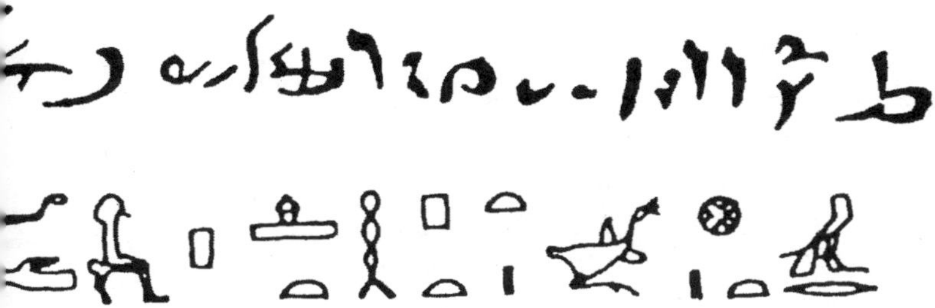

économique, le roi amène la *maât,* c'est-à-dire la victoire, la prospérité, le bien-être, la justice ; par sa fonction autoritaire (*sekhem*) qui inclut la violence, le combat et la mise en valeur des terres, il repousse l'*isfet,* c'est-à-dire les ennemis, l'adversité, le désordre, le chaos, la misère.

Les Textes des Pyramides dont la première version est inscrite sur les parois de la pyramide d'Ounas (dernier pharaon de la Ve dynastie) ne font qu'expliciter la charte fondamentale qui figure sur les deux têtes de massue et sur la palette de Narmer. Le roi prend à son compte le mythe d'Horus dont l'œil, mis en pièces par Seth, le dieu ennemi, a été reconstitué avec l'aide du dieu Thot ; le royaume est assimilé à l'œil d'Horus.

Je suis Horus qui a reconstitué son œil de ses deux mains
Je t'ai restauré, ô toi qui devais être restauré
Je vous ai mis en ordre, ô mes domaines
Je vous ai construites, ô mes villes.
Vous ferez pour moi toute bonne chose que je désire
Vous agirez en ma faveur où que j'aille.
Vous n'obéirez pas aux Occidentaux
Vous n'obéirez pas aux Orientaux
Vous n'obéirez pas aux Septentrionaux
Vous n'obéirez pas aux Méridionaux
Vous n'obéirez pas à ceux qui sont au milieu de la terre
Mais vous m'obéirez.
C'est moi qui vous ai restaurés

C'est moi qui vous ai érigés
C'est moi qui vous ai mis en ordre
Et vous ferez pour moi tout ce que je vous dirai, où que j'aille.
(R. Faulkner, *The Ancient Egyptian Pyramid Texts*)

Après la révolution sociale de la première période intermédiaire, des amendements tempèrent le caractère totalitaire de la monarchie. Le contrat qui lie le pharaon à son peuple est désormais explicite : obéissance et travail contre protection et rémunération.

Le recto de la palette de Narmer (à droite) fonde l'action gouvernementale du pharaon, coiffé de la couronne rouge et précédé par les quatre porte-étendard qui inscrivent sa royauté dans l'infinité du temps et de l'espace. Au verso (à gauche), le pharaon porte la couronne blanche et massacre l'ennemi, geste symbolique de la manifestation de puissance.

Adorez le roi dans votre for intérieur,
Priez Sa Majesté dans vos cœurs ;
Propagez sa terreur à longueur de jour,
Suscitez pour lui des ovations en tout temps.
C'est le discernement de ce qui est dans les cœurs ;
Ses yeux scrutent les profondeurs de tout être.

C'est Rê sous la conduite duquel on vit;
Celui qui est sous sa protection aura de grandes possessions.
C'est Rê grâce aux rayons duquel on voit;
Il brille combien plus que le disque solaire.
Son ardeur brûle plus que la flamme du brasier,
Il consume [en] son moment plus que le feu.
Il fait verdir combien plus qu'une grande inondation,
Il remplit les deux pays d'arbres de vie.
Les nez se bouchent quand il tombe en colère,
Se calme-t-il qu'on respire l'air.
Il assure la subsistance de ceux qui le suivent,
Il entretient celui qui adhère à sa voie.

(G. Posener, *L'Enseignement loyaliste*)

La vie publique

Le droit royal s'est imposé dans un ordre coutumier et communautaire préexistant. Les conseils locaux sont attestés dès la plus haute Antiquité : *djadjat* de la nécropole, *djadjat* du domaine d'un noble, dans l'Ancien Empire. À partir de la première période intermédiaire, puis durant le Moyen et le Nouvel Empire, leurs prérogatives se diversifient. Ils jouent un rôle important dans le domaine de l'administration des champs comme dans celui de la justice. À l'époque ramesside, les conseils locaux (que l'on appelle désormais *qenbet*) nous sont mieux connus. Celui de la communauté artisanale de Deir al-Medîna jouit de compétences multiples. Les artisans y participent à tour de rôle, secondés par les scribes du village. Des femmes peuvent y siéger. Toute la vie sociale du groupe passe en réalité par ce conseil qui en est le régulateur, mais qui joue aussi le rôle d'interlocuteur en face de l'autorité centrale : le vizir, chef de l'administration et ses délégués, et même le roi.

Voici la composition du Conseil du village de Deir al-Medîna, lorsqu'il reçut et enregistra le testament de Naunakhte reproduit plus haut.

Confection d'un acte authentique concernant ses biens, par la dame Naunakhte, devant le Conseil ainsi constitué :

– le chef d'équipe Nakhtenmout
– le chef d'équipe Inherkhâou
– le scribe de la tombe royale Imennakht
– le scribe Horshéri
– le dessinateur Imenhotep
– l'ouvrier Tinermontou
– l'ouvrier Ta
– le dessinateur Pentaour
– l'ouvrier Ouserhat
– l'ouvrier Nebnéfer
– l'ouvrier Imenpahâpy
– l'officier de district Imennakht
– l'officier de district Râmosé
– l'ouvrier Nebnéfer, le fils de Khonsou.

(Théodoridès, *RIDA*, 13)

Le roi est l'Unique, le tout-puissant, à la fois Horus et Pharaon, l'omniscient, le souverain du ciel, de la terre et des dieux, à qui revient le mérite d'avoir organisé l'Égypte. Comme il a présidé au destin de son pays par une mise en ordre socio-économique raisonnée, le pharaon peut exiger de ses sujets la totalité de leur travail et une obéissance illimitée.

Selon la loi Égyptienne, la femme Hérya de Deir al-Medîna, accusée de double crime (vol de biens publics et parjure), est passible de la peine de mort.

On a suspendu l'affaire jusqu'à la venue du vizir.

Le tribunal (Conseil) de ce jour :

– le chef d'équipe Paneb
– le chef d'équipe Hay
– le scribe Pashed
– le scribe Paser
– le scribe Pentaour
– le chef policier Montoumès
– le garde Ipouy
– et l'équipe (des ouvriers) au complet.

(Théodoridès, *RIDA*, 13)

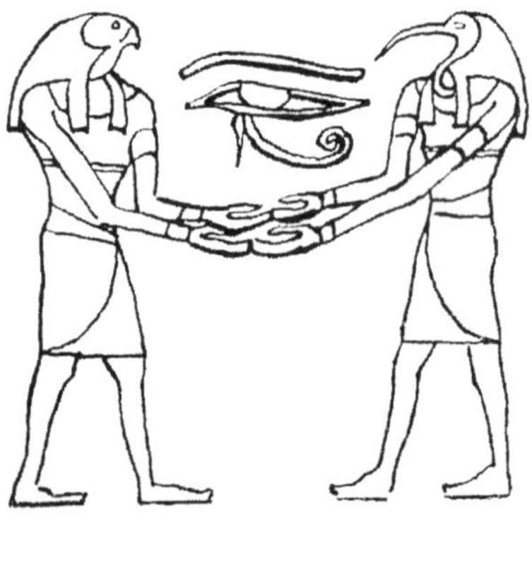

Scènes de marchés

À toutes les époques, l'activité contractuelle se déploie entre membres d'une même communauté ou d'une même unité économique : domaine, communauté artisanale, temple... Dès l'Ancien Empire, artisans et paysans des domaines échangent leurs produits sur les marchés : les parois des mastabas immortalisent sous forme de véritables bandes dessinées sculptées dans la pierre ces scènes de la vie quotidienne. À Deir al-Medîna, des listes types établissent les prix de certains objets coûteux (vaisselle de cuivre, mobilier, vêtements, par exemple) au moyen des denrées de consommation courante, telles que céréales, huile, graisse, fruits et légumes, bois de chauffage... Les premiers contrats qui nous sont parvenus remontent au IIIe millénaire, ils sont inscrits sur papyrus ou gravés dans la pierre et concernent de petites maisons villageoises, des emplacements de tombes ou des immeubles par destination, tel un linteau de porte tombale.

Voici le contrat égyptien le plus ancien que nous connaissions ; la disposition des lignes de la stèle tire profit de l'espace pour enclore et nouer les obligations respectives des deux parties (1 shaty est un anneau d'argent pesant environ 7,5 g).

(Déclaration de l'acheteur)

[Le fondé de pouvoir Seref]ka dit : "J'ai acheté cette maison au scribe Tjenti. J'ai donné pour elle 10 shâtys ; ce fut scellé au Bureau d'enregistrement devant le Conseil (la "djadjat") de la ville de nécropole Khoufou-Akhet et devant de nombreux témoins de Tjenti, membres de la classe sacerdotale de Kaemipou."

(Spécification du prix)

- **une pièce d'étoffe de 4 x 10 coudées : 3 shâtys**
- **un lit : 4 shâtys**
- **une pièce d'étoffe de 2 x 10 coudées : 3 shâtys**

(Description de la maison)

- **construction au cordeau**
- **toiture inachevée en bois de sycomore**

(Déclaration du vendeur)

Il dit : (Par la) vie du roi ! Je ferai en sorte que le droit soit accompli, que tu sois satisfait à ce sujet et qu'advienne tout ce qui fait partie de cette maison, car tu as [déjà] effectué ces paiements en échange. (Menu, *Mélanges Vercoutter*)

Le Ier millénaire nous a légué un grand nombre de contrats dressés entre particuliers, spécialement à partir de la XXVe dynastie (VIIIe siècle av. J.-C.). Voici deux exemples de cessions portant sur une tenure. La première fait partie d'un des rares lots d'archives privées datées de la XVIIIe dynastie. [Le dében, une unité pondérale de 91 g ; le kité représente un 1/10 de dében ; l'aroure mesure environ 2735 m².]

An 2, mois de la Germination, jour 27, sous la Majesté de ce dieu parfait, le roi de Haute et de Basse-Égypte Néferkhépérourê-Ouâenrê [Amenhotep IV-Akhénaton], souverain de Thèbes, vivant éternellement et à jamais comme son père Rê. En ce jour, Nebméhy a de nouveau pris langue avec le bouvier Messouia, en ces termes : "Fais en sorte que l'on me donne une vache contre le prix de trois aroures de champs". Alors, Messouia lui donna

La plupart des transactions s'effectuaient oralement. Si l'enjeu était d'importance, les parties prononçaient un serment pour fixer leur accord et garantir la bonne exécution des obligations respectives. À une époque plus tardive (VIIe-VIe siècle av. J.-C.), des sûretés personnelles et des sûretés réelles sont stipulées en faveur du créancier, dans des contrats écrits en démotique.

une vache, ce qui fait un demi-deben, devant des témoins nombreux : devant Ahmès et son fils Nebamon, devant Itjoutjou et son fils Ioufânkh, devant Hay et devant Nyn. Ce fut fait par le scribe Tjoutjou, en ce jour. (Papyrus Berlin 9784, Gardiner, *ZÄS*, 43)

La seconde cession de tenure, inscrite sur une stèle du début du Ier millénaire, met en scène un orfèvre et un prêtre relevant tous deux du temple de Ptah. Le contrat est ainsi rédigé.

An 16, troisième mois de l'Inondation, jour 4, sous la Majesté du roi de Haute et de Basse-Égypte Netjerkheperrê Mériamon, le fils de Rê Mériamon, Siamon. En ce jour, une remise d'argent a été faite par le sertisseur (?) d'argent de l'atelier d'orfèvrerie de Ptah, Itjy, en faveur du prêtre ritualiste Ptahaânkhefenkhonsou, fils du préposé en chef aux écrits du Grenier du domaine de Ptah, Pasebaty, en échange d'un champ de 2 aroures sis dans le district de Pahabet de Memphis, à l'ouest du verger de Taiat. Je lui ai mesuré 2 deben et 2 kité d'argent. Derechef, en échange d'un champ sis dans Pahabet de Memphis qu'a cédé le prêtre ritualiste de Ptah, Sekhetâahor – un champ de 2 aroures – j'ai donné de l'argent pour 1 deben.
(D'après Van de Walle et Pirenne, *AHDO*, 2)

Cette vente de fil à tisser, réalisée par une femme sous la XXVe dynastie, présente l'exceptionnel intérêt de distinguer deux types de rémunération : le salaire pour le travail de la fileuse et la contre-valeur du produit fini.

An 16 (de Taharqa), premier mois de l'Inondation, jour 26. Ce qu'a déclaré la femme Benatenher(en)amon au choachyte Itchéri, fils de Neb- ? [...] : "J'ai reçu de toi ces 2 kité 1/4 de la Trésorerie d'Harsaphès, l'argent des fils que je t'ai donnés, qui sont destinés au tissage et préparés (pour cet usage). J'ai reçu de toi ces 2 kité 1/4 d'argent de la Trésorerie d'Harsaphès, leur argent, et cette mesure et demie de grain, de plein gré, pour payer leur façonnage du fait que je les ai reçus (la matière brute m'a été fournie). Je te les ai livrés. Personne dans mon entourage ne pourra faire une contestation contre toi, et je n'ai (moi non plus) aucune contestation contre toi. Le témoin de l'écrit : Montouhotep, fils de Nebneterou."
(Papyrus Louvre E 3168, d'après M. Malinine, *AHDO*, 5)

La justice

Les anciens Égyptiens ont eu de la justice une conception à la fois universelle et technique, désignée sous le terme *maât*. La justice fonctionne selon des principes mécaniques et comptables : toute bonne action mérite récompense et tout manquement entraîne punition. Celui qui croit échapper à la justice terrestre est rattrapé dans l'au-delà devant le tribunal divin d'Osiris, lorsqu'il doit répondre de ses actes dont Thot a inscrit implacablement le bilan sur sa tablette. Il s'ensuit que toute faute est punie, du simple délit – dont l'auteur est passible de la bastonnade – jusqu'au crime le plus grave qui soit : celui de lèse-majesté et de complot contre l'État qui entraîne la peine de mort par le pal, par le bûcher au moyen d'un sacrifice rituel ou par le suicide forcé. Il n'est pas fait de distinction, au niveau de la nature de la peine, entre les infractions pénales et civiles ; le voleur et le débiteur qui ne rembourse pas son emprunt recevront le même châtiment : paiement au triple des valeurs volées ou au double de la dette (simple différence de degré), l'un comme l'autre recevra cent coups de bâton. L'éventail des peines est assez large ; entre la bastonnade et la mort se situent des peines intermédiaires : affectation perpétuelle à un domaine royal comme paysan dépendant, travaux forcés aux mines, mutilations, bannissement... Les conseils locaux siègent aussi en tant que tribunaux pour rendre la justice à propos des affaires litigieuses qui surgissent dans la circonscription. À partir du Nouvel Empire, les demandes oraculaires se multiplient ; il s'agit là en fait d'une justice purement cléricale qui s'instaure parallèlement à la justice officielle et traditionnelle, administrée par des laïques et par des prêtres.

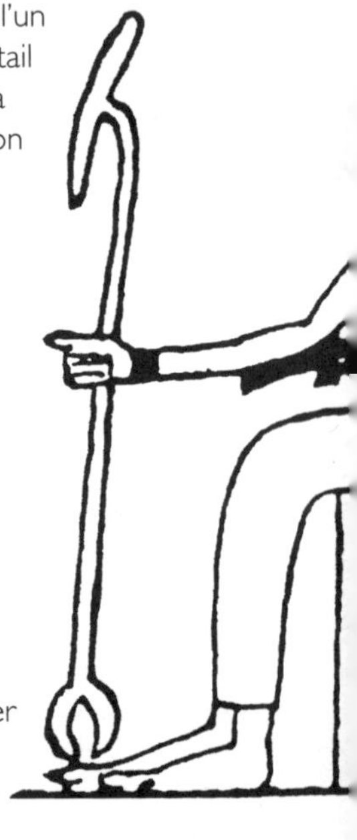

Djethotefânkh, grand prêtre de Thot à Hermopolis, a été contraint en raison de circonstances difficiles, sous la seconde occupation perse, de faire procéder à des exécutions capitales ; il doit s'en défendre devant le tribunal de l'au-delà, par l'intermédiaire

Maât est à la fois un concept qui englobe tout ce qui contribue à l'ordre du monde voulu par le démiurge, une norme idéale de vérité-justice-équité, le référent ultime que le souverain invoque pour gouverner l'Égypte, enfin une déesse qui reçoit un culte.

de son frère qui s'adresse à Osiris en plaidant l'ignorance et l'obéissance aux ordres, car seul le roi peut prononcer la peine de mort :

Il a été ignorant, il n'a pas agi en connaissance de cause, comme un jeune enfant ; on ne fait pas de reproche à l'âme ignorante [...]. Qu'il ne soit pas conduit au billot de Sekhmet (la déesse vengeresse), qu'aucun ennemi (démon ou mauvais génie) ne le ligote au long de l'année, qu'il ne soit pas enregistré au livre de la mauvaise fortune du dieu qui fixe le cours du temps, qu'il ne soit pas livré au tranchant des exécuteurs ni à l'emprise des morts malfaisants par les paroles de tout accusateur, de tout accusateur qui se trouve dans l'autre monde, parce qu'il a égorgé. Envoie ses compagnons lorsqu'on prononcera une sentence contre lui, car c'est le fils de Toum (le dieu créateur, patron de la royauté légitime). Il a égorgé des hommes pour Sekhmet ; il a rôti des cœurs pour le maître des Deux-Terres ; il a renversé les ennemis de Toum et les rebelles au maître universel.
(Menu, *BIFAO*, 96)

Le principe d'équité, de référence à *Maât* pour une bonne administration de la justice, reçoit une illustration savoureuse dans le *Conte de l'Oasien* ou *Conte du paysan plaideur* (ou "éloquent") dans lequel un paysan détroussé défend sa cause en neuf discours, devant le Grand Intendant exerçant des fonctions judiciaires et qu'il croit insensible à ses plaintes. Voici l'essentiel de sa huitième plaidoirie.

Alors cet Oasien vint pour le supplier une huitième fois, en disant : "Grand Intendant, mon seigneur, on peut faire une chute profonde par l'effet de l'avidité. L'homme cupide manque le but : le seul but qu'il atteigne est l'insuccès. Tu es cupide, et cela ne te sied pas ; tu voles, et cela ne te profite pas, toi qui devrais permettre à un homme de se lever pour défendre son bon droit. Car, ce qu'il faut pour ton entretien est dans ta maison, tu as l'estomac bien rempli [...].

Des voleurs, des brigands, des pillards, voilà les magistrats qui ont pourtant été nommés pour réprimer le mal ; un lieu de refuge pour le violent, voilà les magistrats qui ont pourtant été nommés pour réprimer l'imposture ! Un sentiment de crainte à ton égard n'est pas cause que je te supplie : tu ne connais pas mon cœur, c'est celui d'un homme discret qui se tourne pour te faire des reproches, il ne craint pas celui à qui il les présente en suppliant [...].

Tu as tes terrains à la campagne, tu as ta dotation dans le domaine et ta nourriture dans le magasin. Les hauts fonctionnaires te donnent, et tu prends encore ! Serais-tu un voleur ? Et on t'apporte des cadeaux quand tu es accompagné de soldats pour procéder au partage des terrains ! Fais la justice pour le Maître de la Justice (le dieu Thot) dont la justice renferme la vraie justice. Toi, le calame, le rouleau de papyrus, la palette, le dieu Thot, garde-toi de faire le mal. Quand ce qui est bien est bien, alors c'est bien. La justice est pour toute l'éternité ; elle descend dans la nécropole avec celui qui la pratique. Il est mis au tombeau et la terre s'unit à lui, mais son nom n'est pas effacé ici-bas, et on se souvient de lui à cause du bien qu'il a fait : c'est la règle que l'on trouve dans les paroles venant de Dieu. S'il est une balance à main, elle ne penche pas ; s'il est une balance à support, elle n'incline pas d'un côté.

Que ce soit moi qui vienne, ou que ce soit un autre qui doive venir, fais-lui bon accueil. Ne réponds pas à ce qu'il dira comme quelqu'un qui s'adresse à un homme qui n'a pas le droit de parler ; n'attaque pas un homme qui n'attaque pas. Tu ne te montres pas clément, tu n'es pas compatissant ; tu ne t'enfuis pas, mais tu ne supprimes pas le mal. Et tu ne me donnes même pas une contrepartie pour ce beau discours, sorti de la bouche de Rê lui-même !

Dis le droit, fais la justice, car elle est grande, elle est puissante, elle dure [...] et elle conduit à l'état de bienheureux. Si la balance penche, alors un résultat exact ne peut être obtenu. Une façon incorrecte d'agir ne saurait faire arriver au port, tandis que l'homme honnête accostera.

(D'après Lefebvre, *Romans et contes,* "Conte de l'Oasien")

La rhétorique, l'éloquence, le pouvoir magique du verbe sont magnifiés dans la littérature égyptienne.

La parole est plus puissante qu'aucun combat armé.
(*Enseignement pour Mérikarê*)
La parole de l'homme, elle le sauve, son propre discours fait qu'on lui montre de l'indulgence.
(Lefèbvre, Romans et Contes, « Conte du Naufragé »)

Dans la pratique, si les affaires judiciaires sont préparées par des sortes d'avoués (*roudjou/red*), l'autodéfense est de principe, car la parole est un bien personnel inaliénable. À la Basse Époque, la procédure devant les cours de justice est écrite, elle se déroule par échange de libelles : les Égyptiens, nous dit Diodore de Sicile, se méfient des avocats.

L'usage était que le plaignant montrât par écrit le sujet de sa plainte, les circonstances du délit et l'estimation du tort fait. Le défendeur, après avoir reçu le libelle de son adversaire, répliquait également par écrit à chaque chef d'accusation et montrait qu'il n'avait pas fait l'action qu'on lui reprochait ou qu'en l'accomplissant il n'avait pas commis de faute ou du moins que s'il avait commis une faute il méritait une moindre peine. Ensuite le plaignant répondait encore par écrit et le défendeur répliquait de même à son tour. Quand chacune des parties avait ainsi proposé aux juges deux libelles, c'était aux trente élus à dire chacun leur avis, et l'office du Grand Juge consistait à présenter l'image de Maât à ceux qui controversaient de la sorte. C'est ainsi que tous les jugements se faisaient chez les Égyptiens qui étaient d'avis que les avocats ne font qu'obscurcir les causes par leurs discours et que l'art de l'orateur, la magie de l'action, les larmes des accusés, entraînent souvent à fermer les yeux sur la loi et la vérité. En effet, il n'est pas rare de voir les magistrats les plus exercés se laisser séduire par la puissance d'une parole trompeuse. Aussi croyaient-ils pouvoir mieux juger une cause en la faisant mettre par écrit et en la dépouillant des charmes de la parole.
(Diodore de Sicile, I, 76, trad. E. Revillout)

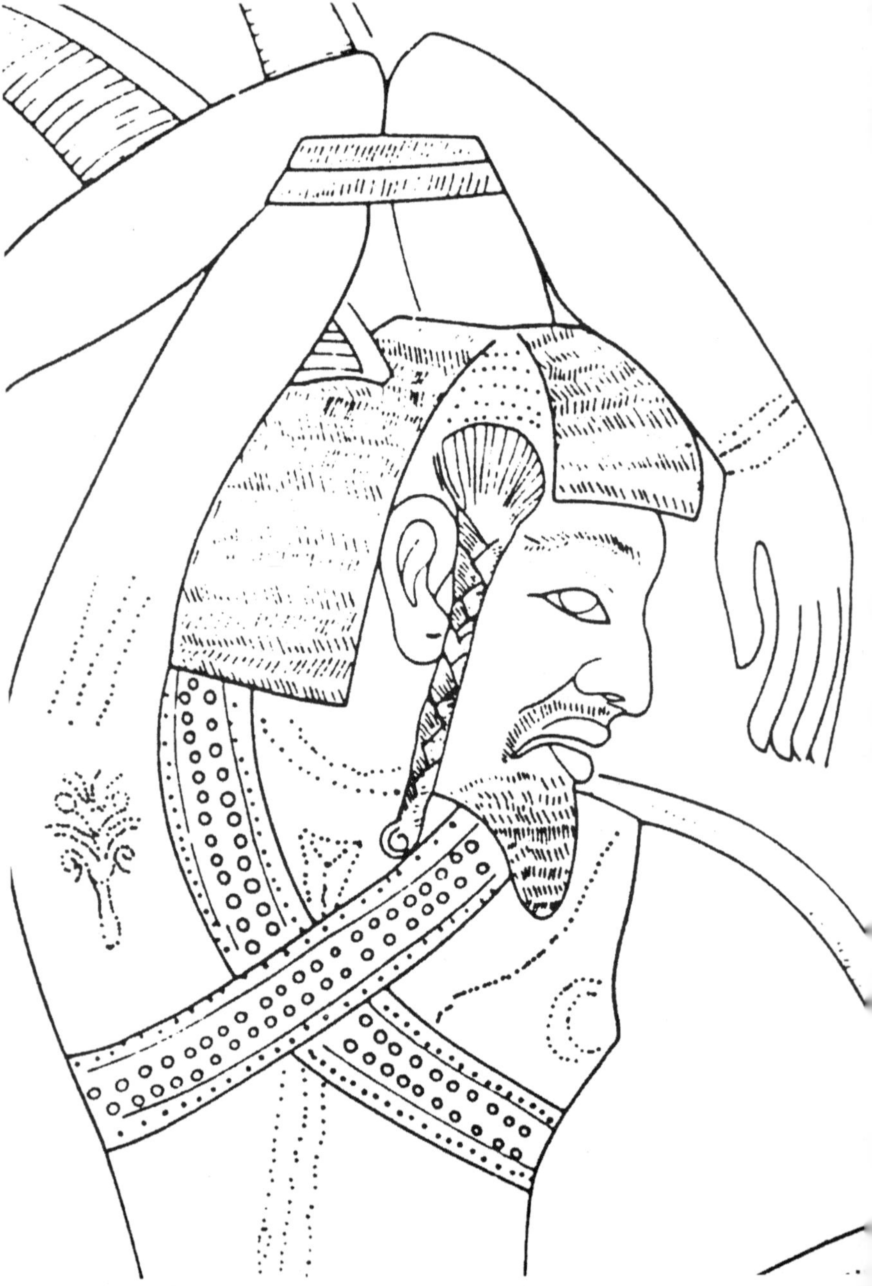

6. Guerres et révolutions

Puissance-*sekhem* et gouvernement-*heqa* illustrent les deux volets de la fonction royale, selon la double action démiurgique du pharaon : repousser *isfet* (la défaite, le désordre, la misère, le danger, l'injustice, le mensonge)et amener *maât* (la victoire, l'ordre, la prospérité, l'équité, la justice, la vérité).

La violence et le combat sont des manifestations de la puissance-*sekhem* du pharaon qui, pour maintenir l'intégrité du territoire égyptien et même pour l'étendre afin d'en augmenter la richesse, se bat contre les envahisseurs et réalise une véritable politique de conquête. L'image du roi terrassant l'ennemi, telle qu'elle apparaît pour la première fois au verso de la palette de Narmer, constitue la traduction la plus évidente de sa puissance ; elle est le prototype de milliers de représentations royales sublimant l'action de massacrer l'adversaire ou de capturer les ennemis en saisissant par les cheveux un groupe de prisonniers. Le pharaon réprime aussi les troubles internes suscités par des mouvements sociaux.

La désagrégation du pouvoir royal, à la fin de la VIe dynastie, entraîna un bouleversement du système qui engendra la première grande révolution sociale de l'histoire de l'humanité. Le relais de l'autorité fut alors assuré par les princes locaux sous l'égide de leurs dieux. Cette grave crise, qui prend place chronologiquement entre Ancien et Moyen Empire, correspond à une époque troublée, mal connue mais certainement très féconde sur le plan idéologique, appelée “première période intermédiaire”.

Après la grande révolution du XXIIe siècle, la reconstitution de la royauté par les princes thébains, puis l'installation à Licht (Itj-taouy), à l'entrée du Fayoum, de la nouvelle capitale des pharaons du Moyen Empire furent accompagnées d'une "propagande" qui définit en réalité un ordre nouveau, un régime moins arrogant et moins totalitaire. À côté du roi-dieu incontesté, une classe sociale dominante, issue de l'autorité provinciale des dieux-rois, c'est-à-dire des gouvernorats plus ou moins indépendants de la première période intermédiaire, s'intéresse aux petites gens, artisans et paysans, qui font la prospérité d'un pays.

De leur capitale, Avaris, située dans le delta oriental, des princes palestiniens (les Hyksôs) dominèrent l'Égypte aux XVIIe et XVIe siècles av. J.-C. Vaincus par les dynastes thébains, ils furent pourchassés jusqu'à Sharouhen par Ahmosis. Les pharaons des XVIIIe et XIXe dynasties furent confrontés à des empires rivaux au Proche-Orient, principalement le Mitanni, puis l'Empire hittite. Ci-contre, les opérations militaires à la bataille de Qadesh

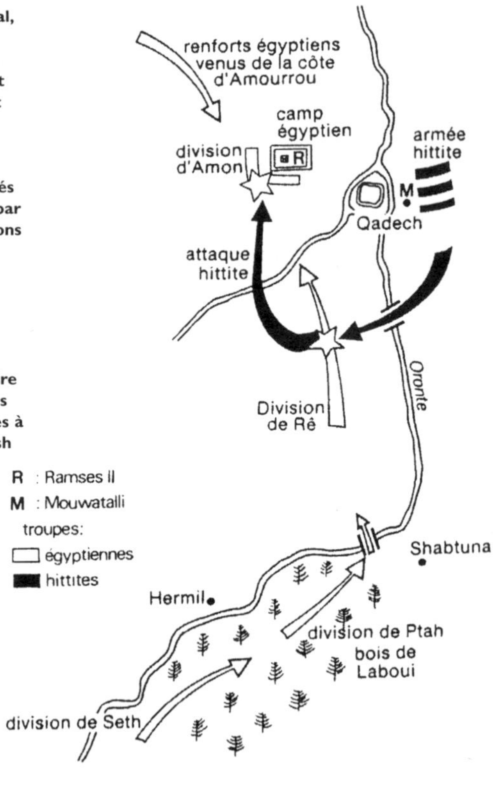

La guerre

Dès l'Ancien Empire, des raids sont organisés en Nubie, et les Bédouins remuants et pillards font l'objet d'expéditions punitives.Après un siècle environ de domination étrangère par des princes palestiniens (les Hyksôs), le pharaon Ahmosis, fondateur de la XVIIIe dynastie, reconquiert le pays à la suite des premières guerres de libération entreprises par Séqenenrê Taa et Kamosis, les deux derniers rois de la XVIIe dynastie thébaine. À la XVIIIe dynastie revient le mérite d'avoir conféré à l'Égypte sa dimension impériale, son prestige incontesté en Asie et en Nubie.

Une foule de soldats anonymes enrôlés dans les régiments de Sa Majesté a contribué à la grandeur de l'Égypte, mais seuls bien entendu nous sont parvenus les récits commandés par la chancellerie royale, ainsi que les autobiographies des grands officiers.

Cette armée est revenue en paix, après avoir rasé le pays des Parcoureurs du sable

Cette armée est revenue en paix, après avoir ravagé le pays des Parcoureurs du sable

Cette armée est revenue en paix, après avoir renversé ses villes fortifiées

Cette armée est revenue en paix, après avoir coupé ses figuiers et ses vignobles

Cette armée est revenue en paix, après avoir mis à feu tous ses habitants

Cette armée est revenue en paix, après y avoir tué des effectifs très nombreux

Cette armée est revenue en paix, [après avoir ramené de là des soldats (?)] en grand nombre comme prisonniers.

Sa Majesté me récompensa pour cela généreusement. Sa Majesté m'envoya cinq fois rassembler la même expédition pour écraser le pays des Parcoureurs du sable, chaque fois qu'ils se rebellaient contre ces troupes. Je procédai de telle manière que [Sa Majesté m'en récompensa généreusement].

(*Inscription autobiographique d'Ouni*, d'après Roccati, *Littérature*)

L'amiral Ahmès, fils d'Abana, fit graver sur les parois de son tombeau à El-Kab l'inscription suivante ; un passage mentionne le siège d'Avaris, la capitale égyptienne des Hyksôs, et celui de Sharouhen, en Palestine.

On mit le siège devant la ville d'Avaris et j'eus l'occasion de prouver ma vaillance, à terre, en présence de Sa Majesté. Je fus ensuite promu sur le navire "Celui qui brille dans Memphis" ; on combattit alors sur l'eau, dans le canal *Pa-djed-kou* d'Avaris. Je fis du butin, je ramenai une main ; le fait fut rapporté au héraut royal, et l'on me donna l'or de la vaillance. Puis on recommença de combattre en ce lieu et je fis encore quelque butin ; je rapportai une main, et l'on me décerna de nouveau l'or de la vaillance. On dut combattre ensuite en Égypte, au sud de cette ville ; là, je fis un prisonnier, un homme ; je descendis dans l'eau, et, voyez, il fut ramené comme s'il s'agissait d'une prise faite sur le chemin de la ville : je traversai l'eau en le portant, et ce fut répété au héraut royal ; alors, on me récompensa encore, avec de l'or. Puis on prit Avaris ; je ramenai des captures : un homme, trois femmes, total : quatre têtes ; Sa Majesté me les donna comme serviteurs.

On assiégea ensuite Sharouhen pendant trois ans ; Sa Majesté finalement s'en empara ; de là aussi je rapportai des prises : deux femmes, une main. Et l'on m'attribua à nouveau l'or de la vaillance, tandis que l'on me donnait les captifs comme serviteurs.
(Lalouette, *Textes*, I)

Les Annales de Thoutmosis III nous racontent la fameuse bataille de Megiddo.

Sa Majesté, alors, fait halte à l'extérieur [...] pour assurer la protection de l'arrière-garde de son armée victorieuse. Lorsque ceux du front atteignirent la sortie du défilé, l'ombre tournait ; et lorsque Sa Majesté parvint au sud de Megiddo, sur la rive du ruisseau de Kyna, on entrait dans la septième heure du jour.

Là, alors, on établit le camp de Sa Majesté, et l'on donna des ordres à l'armée tout entière, en ces termes : "Préparez-vous ! Aiguisez vos armes ! car nous allons nous avancer pour combattre ce vil ennemi, dès l'aube..." Dans sa tente, le roi se repose ; on pourvoit aux besoins des chefs, on présente des rations alimentaires à ceux qui suivent, on dépêche les veilleurs ; ils disent : "Que votre cœur soit ferme ! Que votre cœur soit ferme ! Soyez vigilants ! Soyez vigilants !" Cependant, l'on veillait, dans la tente du Souverain, et l'on vint dire à Sa Majesté : "Le désert est tranquille, l'infanterie du Sud et du Nord est calme."

Les ennemis sous la domination de pharaon sont représentés comme des prisonniers ligotés et soumis : l'Africain, l'Asiatique, l'Égyptien lui-même et le Libyen (ci-dessous), ce dernier coiffé de deux plumes fichées dans sa chevelure. Les Neuf Arcs figurent aussi les ennemis vaincus.

En la vingt-troisième année du règne, le premier mois de la Moisson, le vingt et unième jour, le jour précis de la fête de la nouvelle lune, le roi se lève à la pointe de l'aube. Ordre est donné à l'armée entière de se déployer [...]. Sa Majesté s'avance sur son char d'électrum, paré de ses ornements de combat, tel Horus au bras puissant, seigneur du pouvoir, tel Montou, le Thébain, tandis que son père Amon fortifie ses bras. L'aile méridionale de son armée atteint la colline au sud [...] du ruisseau de Kyna, cependant que l'aile septentrionale est au nord-ouest de Megiddo ; Sa Majesté est au centre, Amon assurant la protection magique de son corps, pour le combat la force de Seth parcourt ses membres. Alors Sa Majesté s'empare des ennemis, à la tête de son armée ; et lorsque ceux-ci voient Sa Majesté assurer son emprise sur eux, ils s'enfuient vers Megiddo, trébuchant et tombant la tête la première, avec des visages terrorisés...
(*Ibid.*)

La bataille de Qadesh constitue l'exploit le plus glorieux du grand pharaon Ramsès II. Le maintien d'un empire au Proche-Orient a nécessité de nombreuses interventions militaires organisées par les Thoutmosis et les Amenhotep, puis par les souverains de la XIXe dynastie. L'enjeu en était principalement la perception d'abondants tributs sur les populations de Syrie et de Palestine, ainsi que le contrôle des routes commerciales reliant l'Égypte aux cités côtières phéniciennes.

Le premier traité de paix

C'est entre l'Égypte et le Hatti, les deux puissances impériales du IIe millénaire, qu'a été signé, par leurs souverains respectifs Ramsès II et Hattousil III, le premier grand traité de paix d'État à État (précédé il est vrai par des accords dont rend compte la correspondance amarnienne). Cet événement marque l'apogée de la puissance impériale de l'Égypte. Le contenu du traité est énoncé suivant des clauses auxquelles nous sommes habitués dans le cadre du droit international : engagement de fraternité, pacte de non-agression, assistance mutuelle en cas d'attaque ennemie, extradition des fugitifs et amnistie pour les réfugiés. Les dieux des deux pays en sont les témoins et les garants.

En voici le préambule (traduction égyptienne du texte hittite).

Le traité que le grand maître du Hatti, le héros, fils de Moursil, le grand maître du Hatti, le héros, petit-fils de Souppilouliouma, le grand maître du Hatti, le héros, fit rédiger sur une tablette d'argent pour Ousermaâtrê Sétepenrê, le grand roi d'Égypte, le héros, fils de

Menmaâtrê, le grand roi d'Égypte, le héros : ce traité de paix et de fraternité honnête, qu'il donne la paix et la fraternité entre nous, grâce à ce traité entre le Hatti et l'Égypte, pour l'éternité ! (C. Desroches-Noblecourt, *Ramsès II. La véritable histoire*)

La grande révolution

Au cours de la longue histoire pharaonique, la monarchie connut des périodes plus ou moins glorieuses, et même des moments d'affaiblissement critiques. L'Ancien Empire, apogée du pouvoir autocratique et sacré du roi, déclina dans les luttes d'influence engendrées par un règne trop long (celui de Pépi II, quatre-vingt-quatorze ans !) et favorisées par des détériorations du climat, puis sombra dans les difficultés économiques, les famines, la désorganisation de l'État et les révoltes populaires. Plusieurs textes rédigés *a posteriori* conservent la mémoire – soigneusement entretenue par le pouvoir monarchique reconstitué à l'aube du Moyen Empire – de ces temps troublés caractérisés par un renversement des valeurs aux effets déstructurants, consécutif à l'effacement du rôle fondamental de guide du pays qui doit être celui du pharaon.

Le sage Ipouer se lamente.

Voici que des événements se sont produits, qui n'avaient jamais existé depuis la nuit des temps : le roi a été renversé par la populace ! Oui, celui qui avait été enterré en tant que Faucon, on l'a arraché de son sarcophage ! Le caveau de la pyramide a été violé ! Voici qu'on en est arrivé à ce point qu'une poignée d'individus qui n'entendaient rien au gouvernement a dépouillé le pays de sa royauté.
(N. Grimal, *Histoire de l'Égypte ancienne*)

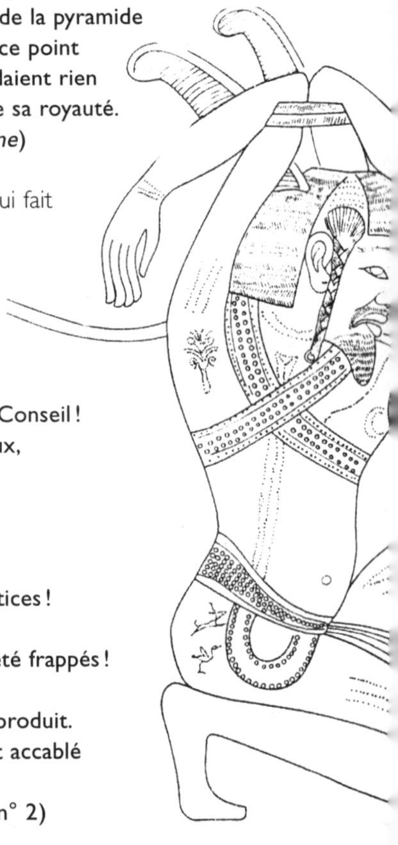

La complainte de Khâkheperrê-Seneb lui fait écho.

Le pays est ravagé, changé en désolation,
devenu [...].
On met le bien dehors
et le mal à l'intérieur de la salle du Conseil !
On bouleverse les desseins des dieux,
pour négliger leurs cultes.
Le pays est plongé dans l'anarchie
et les gémissements sont partout !
Villes et provinces se lamentent,
chacun, pareillement, subit des injustices !
L'autorité, on lui a tourné le dos,
et ceux à qui le silence est dû ont été frappés !
Quand vient l'aube, chaque jour,
le regard se détourne de ce qui se produit.
Je voudrais en parler, mon corps est accablé
mais je désespère de mon cœur !
(B. Mathieu, *Égypte, Afrique & Orient*, n° 2)

Le *Dialogue du Désespéré avec son âme* est issu de cette même veine de littérature pessimiste.

À qui parler aujourd'hui ?
Les frères sont méchants,
Et les amis d'aujourd'hui ne savent pas aimer !
À qui parler aujourd'hui,
Les cœurs sont avides,
Et chacun cherche à s'emparer des biens de son prochain !
L'homme paisible dépérit,
Et le fort écrase tout le monde !
À qui parler aujourd'hui ?
C'est le triomphe du mal,
Et le bien est jeté par terre !
(N. Grimal, *op. cit.*)

L'Enseignement loyaliste est divisé en deux parties. La première expose les qualités divines du roi et les devoirs de ses sujets envers lui selon une idéologie immuable ; la seconde définit les rapports des dirigeants avec les travailleurs, ce qui est nouveau, en voici des extraits.

Ce sont les hommes qui créent ce qui existe. On vit de ce qu'il y a dans leurs mains, si on en manque, la pauvreté règne.

Ce sont les fonctions qui créent les subsistances. Si un domaine en est dépourvu, ses fondations sont sapées, mais leurs voix [celles des paysans et des artisans] consolident les murs.

C'est le maître d'une nombreuse maisonnée qui peut se reposer jusqu'au matin, mais pas de sommeil pour l'homme seul ! Le lion n'est pas envoyé en mission. Point de troupeau qui soit parqué hors l'enceinte du domaine, il mugirait comme du bétail assoiffé autour d'un puits ! [...]

Ce sont des travailleurs utiles aux dieux, et celui qui en est nanti est un homme avisé.

N'accable pas le cultivateur de redevances. Qu'il soit dégrevé, et il sera présent pour toi l'année suivante. S'il vit bien, tu disposes de ses bras. Que tu le tondes, et il songe à devenir un vagabond !
(G. Posener, *L'Enseignement loyaliste*)

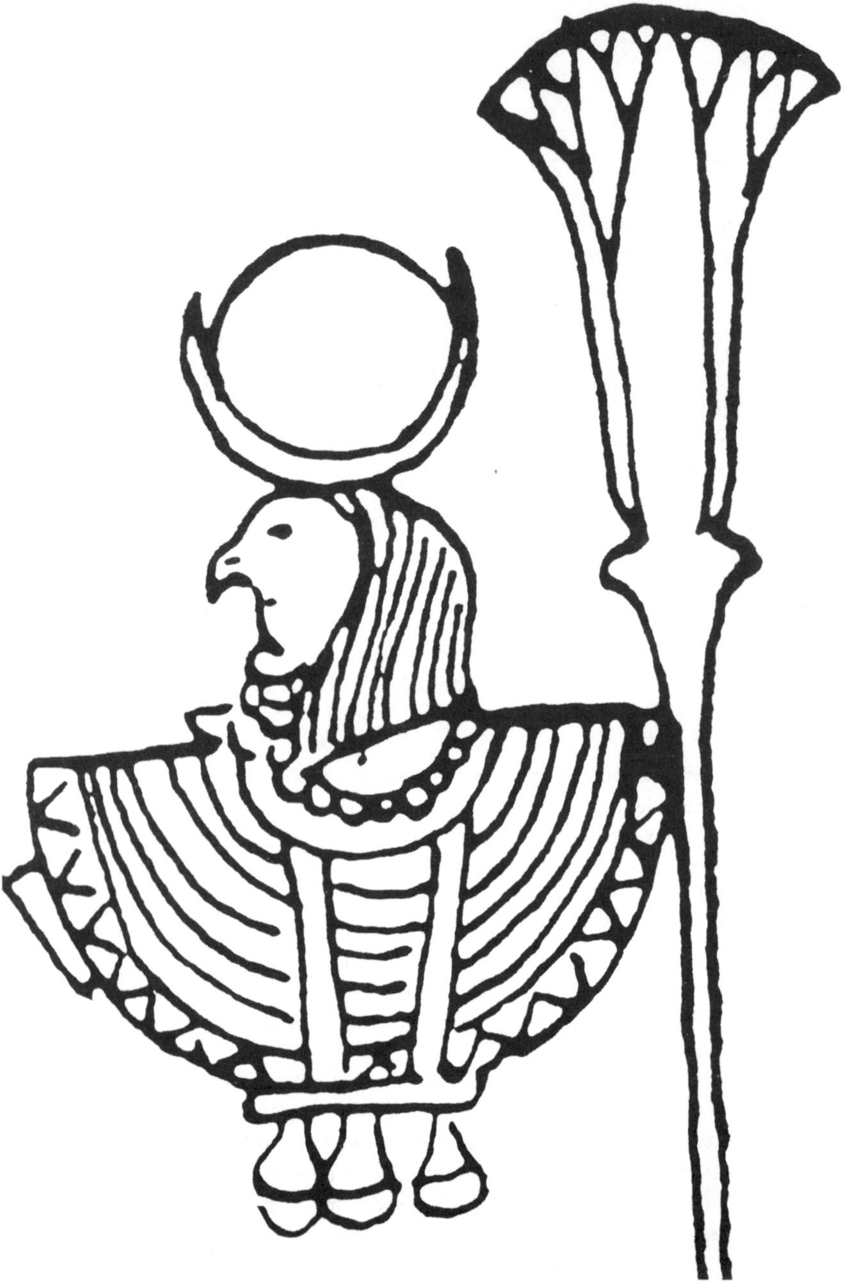

7. Le sentiment religieux

Quelle place pouvaient avoir pour l'homme du commun les dogmes officiels, la religion ambiante, les aspirations personnelles vers les sphères supra-naturelles qui faisaient partie intégrante de sa représentation du cosmos et du divin ? Et quelles conséquences dans sa vie de tous les jours devaient impliquer pour l'Égyptien la profonde croyance en une vie au-delà de la mort et l'attitude vis-à-vis de la mort elle-même ?

Le tout premier devoir du pharaon est de rendre le culte divin, de présider aux rites et de construire des monuments dignes des dieux. La fonction sacrée du roi-dieu ressortit à son rôle gouvernemental. Elle établit et nourrit un commerce intense avec les puissances de l'univers, pour la gloire du pharaon et la prospérité de l'Égypte. La foule assistait de temps à autre à la vie des dieux et au faste qui l'entourait, rassurée de la sorte sur les bonnes relations entretenues par son roi avec les principaux dieux nationaux, en vue du fonctionnement harmonieux du monde et de la bonne marche des affaires du pays.

Le sentiment religieux des anciens habitants de la vallée du Nil est entré dans la légende avec Hérodote qui qualifiait les Égyptiens de "plus religieux de tous les hommes". Conscients du surnaturel sous toutes ses formes et profondément convaincus de l'immortalité de l'être, les Égyptiens de l'Antiquité dialoguent avec les dieux, avec les morts, tentent d'agir sur le cours des choses par des procédés magiques et, surtout, savent envisager l'avenir au-delà de la mort.

À l'origine, le roi – et le roi seul – accède à l'éternité pour avoir soumis les dieux, forces hostiles et vertus bienfaisantes à la fois, pour avoir organisé l'Égypte au prix de luttes acharnées. Le peuple est le bénéficiaire obéissant de cette action héroïque plus tard matérialisée par les pyramides, il participe par le biais de son travail au destin éternel de son roi.

C'est au fil d'une évolution politique inéluctable que l'éternité sera progressivement promise au plus grand nombre par des moyens de plus en plus accessibles à tous, qui passent du tombeau à la stèle, du sarcophage inscrit au papyrus, moyens considérés aussi comme la plus haute récompense d'une vie conforme à un idéal canalisé par le roi-dieu ou par les dieux-rois, selon les époques.

La fête d'Opet, à Thèbes, une des manifestations les plus somptueuses des rites de régénération, consacrait chaque année l'union du dieu Amon et de son épouse la déesse Mout. Le couple divin, accompagné de leur fils Khonsou, se rend par bateau de Karnak à Louxor. Chacun des trois dieux naviguait sur sa propre barque sacrée, étincelante d'ors et de parures, au milieu des chants d'une foule en liesse massée sur les rives du fleuve.

Les acteurs du culte

Les sorties du dieu, les processions, les grandes fêtes religieuses associées aux divers calendriers, lunaire, solaire ou agricole, ou à la mythologie locale, se font au jour et en grande pompe. La barque sacrée, ornée de fleurs et de guirlandes odorantes, bruissante de voiles fins et d'étoffes précieuses gonflées par la brise, préparée pour le dieu et son entourage symbolique d'égides et d'emblèmes divers, est extraite de son propre sanctuaire ; le dieu y prend place pour son périple, d'abord transporté par les prêtres sur des brancards, puis voguant sur le Nil au son des sistres et des tambourins qui accompagnent les mélopées des chœurs.

Le peuple, cependant, n'a pas accès aux cérémonies journalières du divin : seul le roi ou le grand prêtre, son substitut, réalise l'intimité sacrée avec le dieu ; roi et dieu se trouvent face à face dans la pénombre de la partie la plus réduite et la plus profonde du sanctuaire, le roi ou le prêtre officient devant la statue du dieu enfermé dans son naos dont les vantaux sont momentanément ouverts.

Chapitre : monter sur l'escalier
Paroles à dire : "Je suis monté, ta grande face derrière moi. Les offrandes sont sur mes deux bras, je me suis approché de la déesse Tefnout, et Tefnout m'a purifié. Moi, certes, je suis prêtre, fils de prêtre, dans ce temple ; je ne suis pas un faible, je ne suis pas repoussé. Je suis un prêtre, et je suis venu pour faire ce qu'on doit faire, je ne suis certainement pas venu pour faire ce qu'on ne doit pas faire. Haut est Amon-Rê, seigneur de Karnak ; toi qui es nu, sois vêtu de bandelettes. Je suis venu pour mettre le dieu à sa place. Sois établi à ta grande place, ô Amon-Rê, seigneur de Karnak."
(Moret, "Rituel du culte divin en Égypte", *Annales du musée Guimet*)

Les apparitions du roi sont de même nature : couronnement, jubilés et funérailles royales ponctuent un règne et le rehaussent des vertus de la fête, puisées aux racines de la vie et du cosmos, suscitant la joie populaire et favorisant du même coup la cohésion sociale ; l'importante cérémonie de confirmation du pouvoir royal au Nouvel

An semble se dérouler dans un entourage relativement restreint.

Sa Majesté se rend à la chapelle du Trésor sacré. Sa Majesté prend place sur le palanquin en bois de moringa. Lire le cérémonial qui doit être lu en ce lieu ; le roi se rend à la chapelle du Grand Siège.

Nouer les amulettes du Grand Siège au cou du roi, par le prêtre chargé des onctions : trente couronnes blanches, trente couronnes rouges, ayant entre elles une effigie de Ptah, dessinées à l'encre de scribe sur une bandelette de lin rouge ; placer au cou du roi avec soixante nœuds.

Apporter au roi les amulettes de faïence : vie-*ânkh* et domination-*ouas*.

Formule (à réciter) : Ô Rê, ô dieux du sud, du nord, de l'ouest et de l'est, venez voir Horus à qui son œil a été donné ! [...], son père Atoum l'a fait seigneur des humains. Sa demeure et son siège lui ont été donnés. Vie, puissance et épanouissement de cœur sont à lui. (Goyon, *Confirmation du pouvoir royal au Nouvel An*)

La régénération des mythes donnait lieu à des représentations théâtrales appelées "Mystères" ; ainsi la geste d'Osiris jouée par des acteurs masqués, sur le parvis du temple d'Abydos, en présence d'un public d'initiés.

Commencement des stances de la fête des deux Sœurs, célébrée dans le temple d'Osiris qui préside aux Occidentaux, le dieu grand, seigneur d'Abydos, (fête célébrée) durant le quatrième mois de l'Inondation, le vingt-deuxième jour et jusqu'au vingt-sixième.

Le temple tout entier sera sanctifié et l'on amènera deux femmes vierges au corps pur et aux membres épilés, leur tête sera coiffée

Au cours du rituel divin journalier, le roi – ou le grand prêtre – effectue tout un cheminement dans le temple pour se rendre auprès du dieu et lui accorder les honneurs du culte et des soins corporels. Ci-dessus, le roi fait glisser les verrous des portes du naos qui, après cette cérémonie intime entre roi et dieu, se refermeront sur la statue divine et la garderont dans l'obscurité du sanctuaire, à l'abri de tout regard.

par une perruque, elles porteront des tambourins, et leurs noms figureront sur leurs épaules, afin de distinguer Isis de Nephtys.

Elles chanteront des stances de ce livre en présence du dieu.
Elles diront : "Ô notre seigneur Osiris" – quatre fois.
Paroles dites par le prêtre-lecteur en chef de ce temple :
"Ô le Grand du ciel et de la terre" – quatre fois.
Paroles dites par les deux porteuses de tresses :
"Ô bel adolescent, reviens en ta demeure,
Depuis longtemps, depuis longtemps nous ne t'avons pas vu.
Ô beau joueur de sistre, reviens en ta demeure,
Premier [...] après que tu t'es égaré loin de nous.
Ô bel adolescent parti soudainement,
Jeune homme vigoureux dont ce n'était point la saison.
Image sacrée de son père Tenen,
Semence mystérieuse sortie d'Atoum,
Seigneur, seigneur qui se distingue de ses pères,
Le premier dans le ventre de sa mère,
Reviens vers nous en ta forme première.
Nous t'enlacerons et tu ne t'éloigneras plus de nous,
Ô être au beau visage et dont l'amour est grand.
Image de Tenen, ô mâle, maître de passion [...].
Dont le corps était lourd, ceint de bandelettes,
Reviens en paix, ô notre maître, afin que nous te voyions,
Afin que les deux Sœurs s'unissent à ton corps, en lequel il n'y a plus d'activité [...]. Ô notre chef, tourne ton visage vers nous.
Une grande affliction règne parmi les dieux,
Car ils ne peuvent comprendre le chemin que tu as accompli.
Ô jeune enfant, dont ce n'était point la saison,
Parcours le ciel et la terre en ta forme première."
(Lalouette, *Textes,* II)

La XVIIIe dynastie a fortement contribué à développer l'échange direct entre l'individu et le dieu, que ce soit par la technique de la demande oraculaire ou par le biais de la réforme amarnienne. D'abord réservées à la famille royale, les pratiques oraculaires se sont plus tard largement répandues dans le clergé d'Amon, parmi les classes dirigeantes, puis dans le peuple, passant d'un problème vital comme celui de la succession au trône à des questions embarrassantes concernant par exemple la probité d'un grand prêtre, et enfin à des interrogations banales sur la vie de tous les jours. Les hymnes composés sous le règne d'Amenhotep IV- Akhénaton ont probablement joui, grâce à leur caractère universel à travers dieu et roi, d'une bonne diffusion en Égypte ; on les compare souvent aux psaumes bibliques et particulièrement au Psaume 104. Voici un passage du Petit Hymne à Aton.

Que ton apparition est belle, Aton vivant, seigneur de l'éternité !
Quand tu es éblouissant, radieux, puissant,
ton amour est majestueux et grand !
Tes rayons éclairent tous les visages,
ton teint étincelant vivifie les cœurs,
Car tu as empli les Deux-Terres de ton amour,
dieu auguste qui t'es formé toi-même !
Toi qui as fait l'univers et créé ce qui s'y trouve,

hommes, troupeaux, tous les animaux.
Tous les arbres qui vivent sur le sol
vivent quand tu te lèves pour eux.
Tu es la mère et le père de ceux dont tu as fait les yeux;
quand tu te lèves, ils voient grâce à toi.

Dès que tes rayons ont éclairé le pays entier,
tous les cœurs exultent de te voir,
car tu es apparu comme leur seigneur.
Mais dès que tu te couches à l'horizon occidental du ciel,
ils s'allongent en état de mort,
La tête couverte, les narines fermées,
jusqu'à ce qu'arrive ton lever, au matin,
à l'horizon oriental du ciel.
(B. Mathieu, *Égypte, Afrique & Orient*, 4)

Le succès des théologies héliopolitaines, autour du dieu- soleil Rê, a conduit le pharaon Amenhotep IV à instaurer un culte universel et direct en faveur du disque solaire Aton. Sous le nom d'Akhénaton, le roi et son épouse Néfertiti en sont les principaux officiants.

La magie

La magie (*heka*, orthographe différente de *heqa*, "gouverner") est l'ensemble des capacités et des procédés qui permettent à un individu d'agir sur le cours normal des choses pour en modifier ou en contrarier le déroulement. Le roi détient ce pouvoir au plus haut niveau dans l'intérêt du pays ; les magiciens, détenteurs des secrets de la nature, peuvent eux aussi exercer, dans tel ou tel domaine, leurs connaissances et leurs dons personnels. La déesse Isis est la grande magicienne, ce qui a contribué à son immense succès, non seulement en Égypte, mais sur tout le pourtour de la Méditerranée. La détention des secrets magiques peut être utilisée dans un but contraire à l'ordre voulu par le démiurge, par les dieux et par le roi ; certaines pratiques magiques sont donc répréhensibles. Lors du complot ourdi contre Ramsès III au sein de son harem, les conjurés eurent recours à la magie pour faciliter leurs noirs desseins ; cet élément fut pris en compte, comme circonstance aggravante, au moment du procès intenté contre eux par Ramsès IV, le fils de Ramsès III, son héritier légitime.

C'est par la magie que le roi associe ses deux fonctions principales : puissance et gouvernement. Les mots (la parole écrite et/ou parlée, voire hurlée) sont l'instrument de ce pouvoir magique ; par sa langue, le roi intimide les Nubiens et envoûte les Asiatiques, il les anéantit par la seule terreur qu'il leur inspire.

(L'Horus Sésostris III) [...], massacrant les étrangers sans lancer son épieu et tirant ses flèches sans bander son arc ; c'est dans leur propre pays qu'il a frappé d'angoisse les Bédouins, après avoir fait périr de terreur les Neuf-Arcs (les peuples voisins considérés comme ennemis) et après que sa violence avait provoqué la mort des milliers d'étrangers (qui tentaient ?) d'atteindre ses frontières. Un lanceur de flèches qui tire comme la déesse Sekhmet (de manière invisible) abat, en effet, des milliers alors qu'ils ignorent sa puissance, parce que la langue de Sa Majesté est l'organe qui intimide la Nubie, ses sortilèges sont l'instrument qui fait reculer les Asiatiques.
(Derchain, "Hymne à Sésostris III", *Chronique d'Égypte*, 62)

Le roi va prononcer contre les ennemis des sentences de mort, des formules exécratoires accompagnées de rites : confection de statuettes qui personnifient les adversaires et que l'on transpercera. Les textes d'exécration ou d'envoûtement, inscrits sur des statuettes en terre cuite et sur des vases destinés à être brisés, énumèrent, pour être voués à la destruction, les noms de souverains étrangers, de peuples, de tribus et de pays, en Nubie, en Asie et en Libye ; voici la "section nubienne".

Le prince de Koush (Haute-Nubie), Tériah, [nom de ses parents], et tous les prisonniers qui sont avec lui ; le prince de Saï Khasa, [nom de sa mère], et tous les captifs qui sont avec lui ; le prince de la ville de Oubat-Sepet, Bâkwait, [son surnom, sa filiation], et tous les captifs qui sont avec lui ; le prince-medja Ouahib, [nom de ses parents], et tous les captifs qui sont avec lui ; le prince de Ouashek et tous les captifs qui sont avec lui. Tous les Nubiens de Koush, de l'île de Saï, de la localité de Oubat-Sepet, les "archers" en Nubie, leurs guerriers d'élite, leurs courriers, et tous les captifs qui sont avec eux. Leurs confédérés qui viendraient à se révolter, qui se ligueraient, qui combattraient, qui ont l'intention de combattre, qui ont l'intention de se révolter, dans ce pays entier. (Koenig, "Les textes d'envoûtement de Mirgissa", dans *Revue d'Égyptologie*, 41)

L'exercice de la magie ne répond à aucune mise en scène particulière. Seule la parole est importante et l'action magique se borne le plus souvent à la récitation de formules en état de pureté physique plus ou moins longuement décrite.

Par des pratiques magiques, le pharaon assure sa domination sur les ennemis : bris de statuettes représentant les adversaires traditionnels de l'Égypte (Africains, Asiatiques, Libyens), accompagné de paroles incantatoires d'exécration.

À réciter par un homme qui est pur et qui a fait ses ablutions. […]
J'ai rincé ma bouche, j'ai absorbé le natron, et je me suis mêlé à l'Énnéade des dieux. […]
Si un homme prononce cette formule à son propre usage, il doit être enduit d'huile et d'onguents, l'encensoir empli d'encens étant dans sa main ; il doit avoir du natron d'une certaine qualité derrière ses oreilles, une qualité différente de natron étant dans sa bouche ; il doit être vêtu de deux pièces de vêtements neuves, après s'être lavé dans l'eau de la crue, avoir chaussé des sandales blanches, et avoir peint l'image de la déesse Maât à l'encre fraîche sur sa langue.
(Sauneron, *Le Monde du sorcier*)

Le but de la magie populaire est triple : guérir certaines maladies, écarter les forces hostiles (le "mauvais œil"), attirer ou retenir l'amour de l'élu(e), mais le savoir-faire du magicien est illimité : il a accès aux secrets des dieux, il intimide les animaux sauvages et il sait même remettre en place la tête d'un décapité !

Sa Majesté (Chéops) dit : "Est-ce vrai ce qu'on raconte, que tu sais remettre en place une tête coupée ?" Djédi (le Magicien) répondit : "Oui, je sais faire cela, souverain mon maître." Alors Sa Majesté dit : "Qu'on m'amène le prisonnier qui est dans la prison, quand il aura été exécuté." Mais Djédi répondit : "Non, pas un être humain, souverain mon maître, car il est défendu de faire pareille chose au troupeau sacré de Dieu." Alors on lui apporta une oie, à qui on avait tranché la tête. Puis on plaça l'oie au côté ouest de la grande salle et sa tête au côté est. Djédi prononça quelques paroles magiques, et l'oie se dressa en se dandinant ; sa tête fit de même. Quand l'une eut rejoint l'autre, l'oie se leva en gloussant.
(Lefebvre, *Romans et contes,* "Contes du Papyrus Westcar")

Piété personnelle et lettres aux morts

"Les plus religieux de tous les hommes", selon la définition désormais incontournable d'Hérodote, trouvent dans la vie quotidienne et privée de bonnes occasions de se relier au divin : références à la religion officielle, celle qui est étroitement associée à l'exaltation du pouvoir royal, notions de théologie certainement assez vagues, l'élite des temples élaborant dans le secret ses explications du monde, recours à la magie et demandes oraculaires, mais aussi dévotion, piété personnelle et familiale, évocations des morts et préoccupations relatives à la survie. Les défunts qui continuent leur vie dans l'au-delà et qui ne sont pas toujours bien disposés vis-à-vis de leur entourage resté sur terre en raison de quelque fait reprochable sont pris à partie dans des lettres qui leur sont adressées par les parents ; plaintes, promesses et menaces sont tour à tour utilisées pour infléchir leur volonté et l'action néfaste qui peut en être le résultat.

La déesse Mout fait partie de la triade thébaine. Son nom Mout, exprimé à l'aide de la dépouille de vautour qu'elle porte sur la tête – coiffure des reines –, signifie "la mère". Très liée, comme Amon son époux, au pouvoir monarchique et impérial, elle tient dans les mains des attributs divins et royaux qu'elle remet au pharaon : le sceptre-*ouas* de la domination et le signe *ânkh* qui désigne la vie sous toutes ses formes.

Émanant de la population égyptienne en général, on a pu recueillir des manifestations de piété personnelle au cours de circonstances diverses. L'appel au dieu traduit le plus souvent un sursaut désespéré en face de l'adversité.

Amon-Rê, le berger de tout homme miséreux, il a enlevé ma douleur au cours de sa sortie en procession. Puisse-t-il donner une ration à celui qu'il avait (ainsi) chéri, Amon-Rê, seigneur de la force, mon seigneur, puissant de courroux et grand d'amour plus qu'aucun dieu. (Posener, *Revue d'Égyptologie*, 27)

Amon est invoqué en tant que "vizir du pauvre".

On constatera qu'Amon se transformera en "vizir" afin de permettre au malheureux de sortir gagnant (du procès), [...] le malheureux l'emportera sur le riche. (Papyrus Anastasi II, d'après Théodoridès, *RIDA*, 16)

Amon-Rê est intervenu pour un malheureux qui était misérable : il a rendu le tribunal unanime, en réponse au malheureux. Aussi celui-ci a-t-il gagné sa cause, et celui qui a apporté des pots-de-vin est consterné.
(Ostracon Borchardt, d'après Théodoridès, *RIDA, 16*)

Un texte plus tardif (règne d'Amasis ou de Darius Ier) conserve une plainte adressée au dieu Thot, inscrite en démotique sur une bandelette entourant un ibis momifié, hypostase du dieu.

Malheur ! Ô Thot deux fois grand, seigneur d'Hermopolis ! Ô grandes assemblées ! Ô tous dieux qui demeurez ici ! (Le malheur) est advenu à Nesnakenebaâ fils de Hor et dont la mère est Hepirdis, par la main du mauvais génie. Un serviteur qui est maltraité, son maître doit le défendre : protège-moi de lui ! Notre grand seigneur, je suis trop vieux pour les difficultés dans lesquelles je me trouve. Celui qui est poussé vers la justification alors qu'il est âgé, les défunts seront apaisés et l'accueilleront. Soyez apaisés envers moi, Ô dieux qui demeurez ici ! Rendez bienveillants à mon égard les dieux contre lesquels j'ai commis des fautes, et rendez le bon génie bienveillant à mon égard ! Faites qu'ils soient apaisés envers moi ! Sauvez-moi de votre destruction du pécheur ! Protégez-moi du mauvais génie ! Sauvez-moi de lui ! Ne me livrez pas au mauvais génie ! Prends-moi auprès de toi, ne me livre pas à lui ! Sauve-moi de lui, aujourd'hui et à jamais ! Ne le laisse pas s'approcher des miens ni de mes biens ! Ne laisse personne exercer sa puissance sur moi, sauf toi !
(Hughes, *JEA*, 54)

On invoque aussi les morts pour obtenir leur intervention dans des querelles familiales compliquées. Dès l'Ancien Empire, de telles correspondances ont été tenues entre vivants et morts.

La sœur parle à son frère, le fils parle à son père ! Que ta condition soit comme celui qui vit – un million de fois ! Qu'il agisse pour toi Ha, seigneur de l'Occident, et Anubis, seigneur de l'enterrement, à son gré ! Cela est l'explication du fait que l'envoyé de Béhesty est venu vers le lit, quand j'étais assise près de toi et quand on fit appeler Iou, fils d'Inty, pour être justifié vis-à-vis de l'envoyé de Béhesty, et quand tu as dit : "Cache-le, de peur de Iou l'Aîné. Le bois de ce mien lit deviendrait pulvérulent (?) s'il portait quelqu'un qui repousse le fils d'un homme de son grabat (?)."

Or donc Ouâbet est venue avec Izézy. Ils ont ravagé ta maison et elle s'est emparée de toute chose qu'il y avait dedans pour enrichir Izézy, puisqu'ils souhaitent faire de ton fils un misérable en enrichissant le fils d'Izézy. Elle a pris Iaset, Ity, Anânkhy. Or, elle prend toutes les pièces de ton ornement après avoir pris tout ce qu'il y avait dans ta maison. Ton cœur sera-t-il indifférent à cet égard ? J'aimerais que tu prennes celui qui est ici à ton côté, plutôt que voir ton fils (placé) sous le fils d'Izézy. Réveille ton père Iou contre Béhesty, lève-toi, hâte-toi contre lui ! Tu sais qu'il est venu ici pour être jugé avec Béhesty et Anânkhy fils de Aây. Lève-toi contre eux avec tes pères, tes frères et tes amis, et écrase Béhesty avec Anânkhy fils de Aây. Rappelle-toi ce que tu as dit à Iou fils d'Inty : "Les domaines des pères doivent être protégés", et quand tu as dit : "La maison du fils, et [après], la maison du fils". Puisse ton fils consolider ta maison comme tu as consolidé la maison de ton père. Ô Sânekhneptah, mon père, qu'il te plaise faire appeler à toi Inty voir pour saisir la maison d'Anânkhet fils de Ouâbet.
(D'après Roccati, *Littérature*)

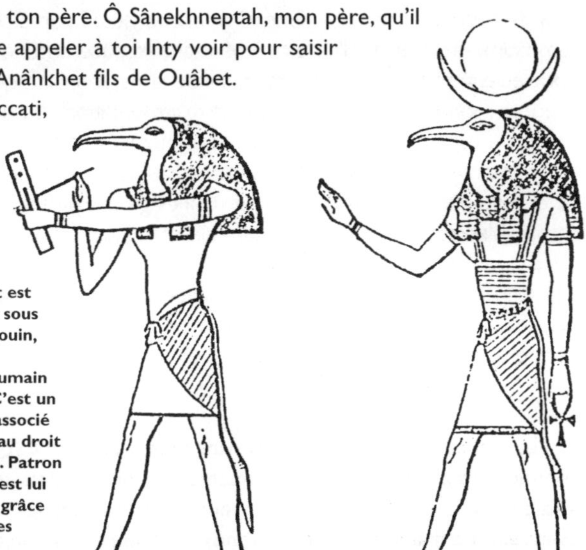

Le dieu Thot est représenté sous forme de babouin, d'ibis ou de personnage humain ibiocéphale. C'est un dieu lunaire, associé aux sciences, au droit et à l'écriture. Patron des scribes, c'est lui qui a inventé, grâce à sa palette, les hiéroglyphes (les "mots sacrés).

Le destin individuel

La croyance en l'immortalité de l'être constitue un des points forts de la religion égyptienne ; elle fut sans doute répandue peu à peu dans la population tout entière. La contemplation de myriades d'étoiles scintillantes dans un ciel particulièrement pur, le lever et le coucher quotidiens du soleil, le perpétuel retour des phases du cycle lunaire, le renouveau végétal consécutif à l'enfouissement des grains dans une terre exceptionnellement fertile, la ronde régulière des saisons, l'apparition puis le retrait annuels de la crue du Nil, tous ces éléments et bien d'autres ont contribué à forger dès la plus haute Antiquité l'âme religieuse des anciens Égyptiens. La violence des désordres n'en est que plus brutalement ressentie : mauvaises crues, tempêtes, pillages, sécheresse, famines, épidémies, dévastations aux causes diverses prennent alors la couleur du paradis perdu, de la catastrophe peut-être irréversible. Le constat de l'incroyable conservation des corps dans le sable du désert n'a pu que favoriser l'idée d'éternité associée au désir de prolonger toujours le bien-être procuré par un environnement propice.L'essentiel des rites funéraires est constitué par la pratique de l'embaumement et par l'aménagement d'un espace destiné à abriter non seulement les supports physiques de la personnalité que sont le corps momifié, les statues et autres représentations du défunt, y compris l'inscription de son nom, mais également le service cultuel des offrandes obtenues par la jouissance perpétuelle d'un bénéfice foncier ou par virement d'offrandes royales gérées par les services comptables des administrations centrale et locale.

Les secrets de l'embaumement, enseignés aux hommes par le dieu Anubis, n'ont guère été divulgués à l'époque des pharaons ; Hérodote donne une description assez fidèle, mais sans doute superficielle, des trois "classes" d'embaumement.

Les embaumeurs restent seuls dans leurs ateliers, et voici comment ils procèdent à l'embaumement le plus soigné : tout d'abord à l'aide d'un crochet de fer, ils retirent le cerveau par les narines ils en extraient une partie par ce moyen, et le reste en injectant certaines drogues dans le crâne. Puis avec une lame tranchante en

pierre d'Éthiopie [en obsidienne], ils font une incision le long du flanc, retirent tous les viscères, nettoient l'abdomen et le purifient avec du vin de palme et, de nouveau, avec les aromates broyés. Ensuite, ils remplissent le ventre de myrrhe pure broyée, de cannelle, et de toutes les substances aromatiques qu'ils connaissent, sauf l'encens, et le referment. Après quoi, ils salent le corps en le couvrant de natron pendant soixante-dix jours ; ce temps ne doit pas être dépassé. Les soixante-dix jours écoulés, ils lavent le corps et l'enveloppent tout entier de bandes découpées dans un tissu de lin très fin et enduites de la gomme dont les Égyptiens se servent d'ordinaire au lieu de colle [...]. Pour qui demande l'embaumement à prix moyen et ne veut pas trop dépenser, voici leurs méthodes : les embaumeurs chargent leurs seringues d'une huile extraite du cèdre et emplissent de ce liquide le ventre du mort, sans l'inciser et sans en retirer les viscères ; après avoir injecté le liquide par l'anus, en l'empêchant de ressortir, ils salent le corps pendant le nombre de jours voulu. Le dernier jour ils laissent sortir de l'abdomen l'huile qu'ils y avaient introduite ; ce liquide a tant de force qu'il dissout les intestins et les viscères et les entraîne avec lui. De son côté, le natron dissout les chairs et il ne reste que la peau et les os du cadavre [...]. Voici la troisième méthode d'embaumement, pour les plus pauvres : on nettoie les intestins avec de la syrmaia [vraisemblablement de l'huile ou du jus de raifort], on sale le corps pendant les soixante-dix jours prescrits, puis on le rend aux parents qui l'emportent.
(Hérodote, *L'Enquête*, livre II, trad. Barguet)

La vie ultra-terrestre prolonge l'existence en ce monde, mais le passage de l'une à l'autre, de part et d'autre du moment décisif de la mort, présente de très sérieux obstacles à franchir. *Le Livre pour sortir au jour* (appelé aussi *Livre des morts*) décrit les embûches qui attendent le défunt dans le monde souterrain et lui indique les procédés magiques qui lui permettront de les surmonter, puis de triompher.

Formule pour sortir au jour.

N. (le défunt) dira : "Les portes du ciel sont ouvertes pour moi, pour moi sont ouvertes les portes de la terre ; les verrous de

Geb (le dieu-terre) sont ouverts pour moi, est déclos pour moi le château d'en haut. Vois, c'est celui qui me gardait qui m'a délié, c'est celui dont le bras était attaché au mien qui a lancé son bras, loin de moi, vers la terre. La bouche du pélican s'est ouverte pour moi, elle a permis que je monte dans le jour, en tout lieu où je souhaite d'être.

J'ai la maîtrise de mon cœur, la maîtrise de ma poitrine, la maîtrise de mes bras, la maîtrise de mes jambes, la maîtrise de ma bouche, la maîtrise de tout mon corps. Je suis le seigneur des offrandes funéraires, de l'eau, de la brise, du flot, de la rivière, des rivages. J e suis le maître de ceux qui agiraient contre moi ou de celles qui agiraient contre moi dans l'au-delà ; je maîtrise aussi ce qui pourrait être ordonné contre moi sur la terre."
(*Livre des morts*, *in* Lalouette, Textes, I)

La scène appelée "pesée du cœur" ou "psychostasie" est le point central du parcours vers l'au-delà. Sur un des plateaux de la balance est posé le cœur du candidat à l'éternité, sur l'autre plateau une figurine ou une plume représente l'idéal de Maât, et l'équilibre doit être parfaitement réalisé entre les deux sinon le cœur, siège des principales facultés humaines, sera dévoré par un monstre. Pour sa justification, le défunt devra alors manifester son innocence.

Je n'ai pas commis l'iniquité contre les hommes.
Je n'ai pas maltraité les gens.
Je n'ai pas commis de péchés dans la Place de Vérité (la nécropole).
Je n'ai pas cherché à connaître ce qui n'est pas à connaître.
Je n'ai pas fait le mal.
Je n'ai pas commencé de journée ayant reçu une commission de la part des gens qui devaient travailler pour moi, et mon nom n'est pas parvenu aux fonctions d'un chef d'esclaves.
Je n'ai pas blasphémé Dieu.

Les funérailles d'un très haut personnage, en l'occurrence Rekhmirê, vizir de Thoutmosis III (XVIIIe dynastie), impliquent l'aménagement mobilier de son tombeau. La procession de porteurs amène les objets usuels du défunt qui l'accompagneront dans son éternité. Dans les coffres tenus sur l'épaule par les membres de l'entourage du vizir, on reconnaît de droite à gauche (dans le sens de la marche) : l'équipement vestimentaire (pagnes), des parures et ornements, divers objets dont une palette de scribe, enfin des arcs avec leurs cordes et leurs flèches.

Je n'ai pas appauvri un homme dans ses biens.
Je n'ai pas fait ce qui est abominable aux dieux.
Je n'ai pas desservi un serviteur auprès de son maître.
Je n'ai pas affligé.
Je n'ai pas affamé.
Je n'ai pas fait pleurer.
Je n'ai pas tué.
Je n'ai pas ordonné de tuer.
Je n'ai fait de peine à personne.
Je n'ai pas amoindri les offrandes alimentaires dans les temples.
Je n'ai pas souillé les pains des dieux.
Je n'ai pas volé les galettes des bienheureux.
Je n'ai pas été pédéraste.
Je n'ai pas forniqué dans les lieux saints du dieu de ma ville.
Je n'ai pas retranché au boisseau.

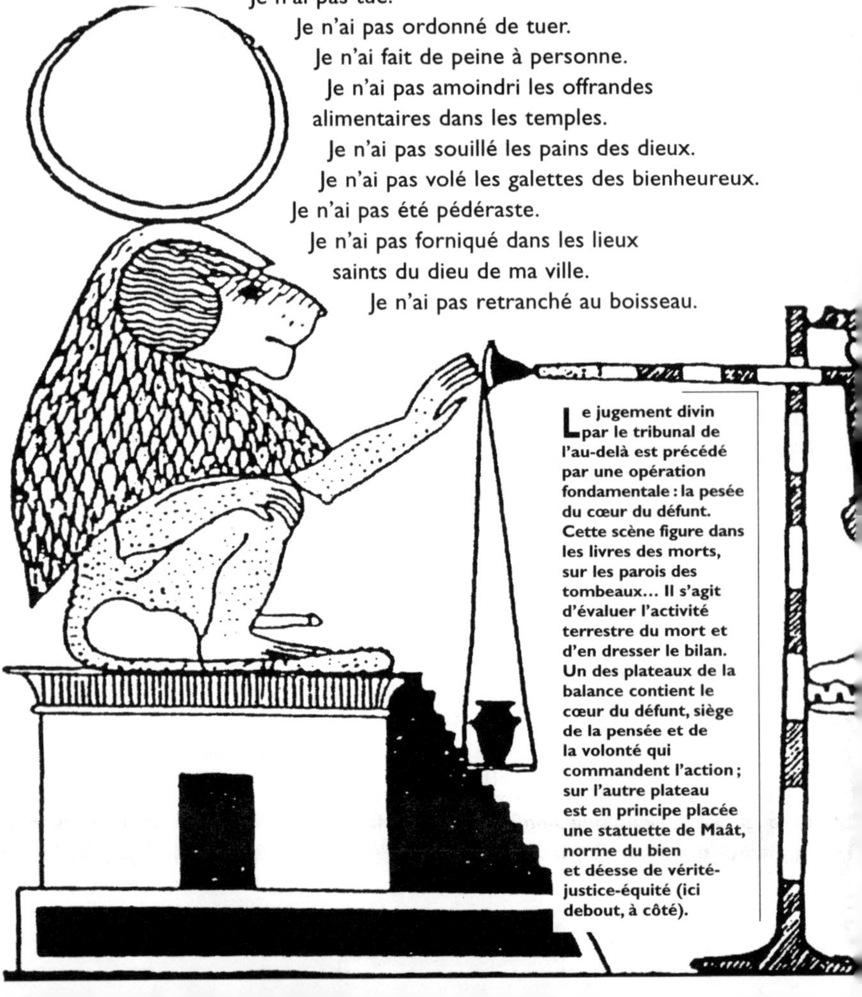

Le jugement divin par le tribunal de l'au-delà est précédé par une opération fondamentale : la pesée du cœur du défunt. Cette scène figure dans les livres des morts, sur les parois des tombeaux… Il s'agit d'évaluer l'activité terrestre du mort et d'en dresser le bilan. Un des plateaux de la balance contient le cœur du défunt, siège de la pensée et de la volonté qui commandent l'action ; sur l'autre plateau est en principe placée une statuette de Maât, norme du bien et déesse de vérité-justice-équité (ici debout, à côté).

Je n'ai pas diminué l'aroure.
Je n'ai pas triché sur les terrains.
Je n'ai pas ajouté au poids de la balance.
Je n'ai pas faussé le peson de la balance.
Je n'ai pas ôté le lait de la bouche des petits enfants.
Je n'ai pas privé le petit bétail de ses herbages.
Je n'ai pas piégé d'oiseaux des roselières des dieux.
Je n'ai pas pêché de poissons dans leurs lagunes.
Je n'ai pas retenu l'eau au moment de l'inondation.
Je n'ai pas opposé de digue à l'eau courante.
Je n'ai pas éteint un feu dans son ardeur.
Je n'ai pas omis les jours à offrandes de viandes.
Je n'ai pas détourné le bétail du repas du dieu.
Je ne me suis pas opposé à un dieu
dans ses sorties en procession.
(Livre des morts, *in* Grimal, *Histoire de l'Égypte ancienne*)

Vivre en Egypte ancienne

Sources

Les abréviations de cette bibliographie doivent se lire comme suit :

AHDO : Archives d'histoire du droit oriental, Bruxelles
ASAE : Annales du service des Antiquités de l'Égypte, Le Caire
BIFAO : Bulletin de l'Institut français d'archéologie orientale, Le Caire
CdE : Chronique d'Égypte, Bruxelles
JEA : Journal of Egyptian Archaeology, Oxford
RdE : Revue d'égyptologie, Paris
RIDA : Revue internationale des droits de l'Antiquité, Bruxelles
SAK : Studien zur Altägyptischen Kultur, Hambourg
ZÄS : Zeitschrift für ägyptische Sprache und Alterumskunde, Leipzig

Sources

ALLAM, S., "Aspects de la vie sociale, juridique et municipale à Deir el Médineh", *Méditerranées*, 6/7, Paris, L'Harmattan, 1996 (p. 34)
BARGUET, A., Hérodote, *L'Enquête*, Paris, Gallimard 1964 et 1985 (p. 48, 65-66, 130-131)
Catalogue, *Naissance de l'écriture*, Paris, RMN, 1982 (p. 23-25)
Catalogue, *Tanis. L'or des pharaons*, Paris, AFAA, 1987 (p. 47-48)
CERNY, J., *A Community of Workmen at Thebes in the Ramesside Period*, Le Caire, IFAO, 1973 (p. 76)
CRUZ-URIBE, E., *Saite and Persian Demotic Cattle Documents*, Chico, California, 1985 (p. 49, trad. Menu)
DAVID, E., dans *Égyptes, Histoires et Cultures*, 1, Avignon, 1993 (p. 60-61)
DERCHAIN, P., dans *CdE*, 62, Bruxelles, 1987 (p. 124)
DESROCHES-NOBLECOURT, C., *Ramsès II, la véritable histoire*, Paris, Pygmalion, 1996 (p. 112-113)
DU BOURGUET, P., *Contes de la vallée du Nil*, Paris, Tchou, 1968 (p. 35-36)
FAULKNER, R., *The Ancient Egyptian Pyramids Texts*, Oxford, Oxford University Press, 1969 (p. 95-96)
GARDINER, A., *The Wilbour Papyrus*, Oxford, Oxford University Press, 1941-1952 (p. 56)
GARDINER, A., *Ramesside Administrative Documents*, Oxford, Oxford University Press (p. 61)
GARDINER, A., dans *ZÄS*, 43, 1906 (p. 100-101)
GOEDICKE, H., *Die privaten Rechtsinschriften aus dem Alten Reich*, Vienne, Verlag Notring, 1970 (p. 26-27)
GOYON, J.-C., *Confirmation du pouvoir royal au Nouvel An*, Le Caire, IFAO, 1972 (p. 120)
GRANDET, P., *Le Papyrus Harris*, I, 2 vol, Le Caire, IFAO, 1994 (p. 53)
GRIMAL, N., *Histoire de l'Égypte ancienne*, Paris, Fayard, 1988 (p. 114, 115, 133-135)
GRIMAL, N., *La Stèle triomphale de Pi('nkh)y*, Le Caire, IFAO, 1981 (p. 52)
HASSAN, S., dans *ASAE*, 37, 1937 (p. 51-52)
HUGHES, G.R., dans *JEA*, 54, 1968 (p. 128)
HUGHES, G. R., *Saite Demotic Land Leases*, Chicago, 1952 (p. 46-47, trad. B. Menu)
KESSLER, D., dans *SAK* 2, Hambourg, 1976 (p.55)
KITCHEN, K.A., *Pharaoh Triumphant. The Life and Times of Ramsès II, King of Egypt*, Warminster, Aris and Phillips, 1982. Trad. fr. : *Ramsès II, le pharaon triomphant*, Monaco, éd. du Rocher (p. 88, 92-93, 93-94)
KOENIG, Y., dans *RdE*, 41, 1990 (p. 125)
LALOUETTE, C., *Textes sacrés et textes*

profanes de l'ancienne Égypte, 2 vol., Paris, Gallimard, 1987 (p. 22, 40-41, 50, 51, 58-59, 61, 68, 70-74, 89-90, 110, 111, 120-121, 131-132)
LEFEBVRE, G., *Essai sur la médecine égyptienne de l'époque pharaonique*, Paris, PUF, 1956 (p. 84-87)
LEFEBVRE, G., *Romans et contes égyptiens de l'époque pharaonique*, Paris, Maisonneuve, 1949, réimp. 1976 (voir p. 18-19, 20, 26, 27, 36-38, 66-67, 82-83, 103, 104, 126)
LEFEBVRE, G., *Le Tombeau de Petosiris*, Le Caire, IFAO, 1924 (voir p. 20, 90-91)
MALININE, M. et PIRENNE, J., dans *AHDO* 5, Bruxelles, 1950 (p. 101)
MATHIEU, B., dans *Égypte, Afrique et Orient*, 2, Avignon, 1997 (p. 114)
MATHIEU, B., dans *Égypte, Afrique et Orient*, 4, Avignon, 1997 (p. 122-123)
MATHIEU, B., *La Poésie amoureuse de l'Égypte ancienne*, Le Caire, IFAO, 1996 (p. 32-33)
MEEKS, D., *Le Grand Texte des donations au temple d'Edfou*, Le Caire, IFAO, 1970 (p. 56-57)
MENU, B., dans *BIFAO*, 96, 1996 (p. 103)
MENU, B., dans *Mélanges offerts à Jean Vercoutter*, Paris, ERC, 1985 (p. 99-100)
MENU, B., *Recherches sur l'histoire juridique, économique et sociale de l'ancienne Égypte*, vol. 1, Versailles, 1982 ; vol. 2, IFAO, Le Caire, 1998 (p. 53, 56, 77)
MENU, B., *Le Régime juridique des terres et du personnel attaché à la terre dans le Papyrus Wilbour*, Lille, Presses Universitaires de Lille, 1970 (p. 56)
MENU, B., dans *RdE*, 36, 1985 (p. 76)
MORET, A., *Le Rituel du culte divin journalier en Égypte*, Paris, 1902, réimp. Genève, Slatkine, 1988 (p. 119)
PESTMAN, P.W., *Marriage and Matrimonial Property in Ancient Egypt*, Leyde, Brill, 1961 (p. 34)
PIRENNE, J. et VAN DE WALLE, B., dans *AHDO* 2, Bruxelles, 1937 (p. 101)
POSENER, G., *L'Enseignement loyaliste*, Genève, Librairie Droz, 1976 (p. 96-97, 115)
POSENER-KRIEGER, P., dans *Festchrift Edel*, Bamberg, 1979 (p. 45)
POSENER, G., SAUNERON, S., YOYOTTE, J., *Dictionnaire de la civilisation égyptienne*, Paris, Hazan, 1959 (p. 57-58)
REVILLOUT, E., trad. de Diodore de Sicile, I, 76, dans *Rev. Eg.*, 3, 1885 (p. 105)
ROCCATI, A., *La Littérature historique sous l'Ancien Empire égyptien*, Paris, Le Cerf, 1982 (p. 21, 23, 69, 77, 83, 109, 128-129)
SAUNERON, S., dans *Le Monde du sorcier*, Le Seuil, 1966 (p. 88, 126)
SMITHER, P,. dans *JEA*, 34, 1948 (p. 76)
THÉODORIDÈS, A., dans *RIDA*, 13, 1966 (p. 38-40, 98)
THÉODORIDÈS, A., dans *RIDA*, 16, 1969 (p. 50, 127-128)
VAN DEN BOORN, G.P.F., *The Duties of the Vizier*, Londres et New York, Kegan, 1988 (p. 53)
VAN DER PLAS, D., *L'Hymne à la crue du Nil*, 2 vol., Leyde, Nederlands Institut voor het Nabije Oosten, 1986. (p. 15-17)
ZIVIE-COCHE, C., dans *BIFAO*, 75, 1975 (p. 69-70)

Bibliographie

ASSMAN, J., Maât, *L'Égypte pharaonique et l'idée de justice sociale*, Paris, Julliard, 1989
AUFRÈRE S. H., *L'Univers minéral dans la pensée égyptienne*, 2 vol.,

Le Caire, IFAO, 1991
BARGUET, P., *Le Livre des morts des anciens Égyptiens*, Paris, Le Cerf, 1967
BEAUX, N., *Le Cabinet de curiosités de Thoutmosis III*, Louvain, Peeters, 1990
DERCHAIN, P., " La perruque et le cristal", *SAK*, 2, Hambourg, 1976
DERCHAIN, P., "L'*Atelier des orfèvres* à Dendara et les origines de l'alchimie", *CdE*, 65, Bruxelles, 1990.
EYRE, C.J., "Ordre et désordre dans la campagne égyptienne", *Méditerranées*, 6/7, Paris, L'Harmattan, 1996
GABALLA, G.A., *The Memphite Tomb Chapel of Mose*, Warminster, Aris and Phillips, 1977
GOYON, J.-C., *Rituels funéraires de l'ancienne Égypte*, Paris, Le Cerf, 1972.
GRANDET, P. (éd.), *L'Égypte ancienne*, Paris, Le Seuil, 1966
GRIMAL, N., *Les termes de la propagande royale égyptienne, de la XIXe dynastie à la conquête d'Alexandre*, Paris, Institut de France, 1986
HORNUNG, E., *Les Dieux de l'Égypte. Le Un et le Multiple* (trad. de *Der Eine und die Vielen*, Darmstadt, 1971), Monaco, éd. du Rocher, 1986
LALOUETTE, C., *L'Empire des Ramsès*, Paris, Fayard, 1985
MEEKS, D. et FAVARD MEEKS, C., *La Vie quotidienne des dieux égyptiens*, Paris, Hachette, 1993
MENU, B. (éd.), *Égypte pharaonique : pouvoir, société* (*Méditerranées*, 6/7), Paris, L'Harmattan, 1996
MENU, B., "Naissance du pouvoir pharaonique" *Méditerranées*, 6/7, Paris, L'Harmattan, 1996
MENU, B., *L'Obélisque de la Concorde*, Paris, L'Association à la pulpe, 1987.
MENU, B., "La proclamation de l'empire par Aménophis III", *Méditerranées*, 5, Paris, L'Harmattan, 1995
MENU, B., *Ramsès II, souverain des souverains*, Paris, Gallimard, 1998
MICHALOWSKI, K., *L'Art de l'ancienne Égypte*, éd. revue et corrigée par J.-P. Corteggiani, Paris, Citadelles-Mazenod, 1993
POSENER, G., *Littérature et politique dans l'Égypte de la XIIe dynastie*, Paris, Champion, 1969
TRAUNECKER, C., *Les Dieux de l'Égypte*, Paris, P.U.F., coll. "Que sais-je ?", 1992
PARKINSON, R.B., *Voices from Ancient Egypt. An Anthology of Middle Kingdom Writings*, Londres, British Museum, 1991
TRIGGER, B. G., KEMP, B.J., O'CONNOR, D. et LLOYD, A.B., *Ancient Egypt, A Social History*, Cambridge University Press, 1983
VALBELLE, D., "Les ouvriers de la tombe", *Deir el Médineh à l'époque ramesside*, Le Caire, IFAO, 1985
VANDERSLEYEN, C., *L'Égypte et la vallée du Nil*, t. 2, Paris, PUF, 1995
VERCOUTTER, J., "Le rôle des artisans dans la naissance de la civilisation égyptienne", *Chronique d'Égypte*, 68, Bruxelles, 1993
VERCOUTTER, J., *L'Égypte ancienne*, Paris, PUF, coll. "Que sais-je ?", 1946 ; éd. revue et corrigée, 1990
VERCOUTTER, J., *L'Égypte et la vallée du Nil*, t. 1, Paris, PUF, 1992
VERNUS, P., *Affaires et scandales sous les Ramsès*, Paris, Pygmalion, 1993
VERNUS, P., et YOYOTTE, J., *Dictionnaire des pharaons*, Paris, Noêsis, 1996

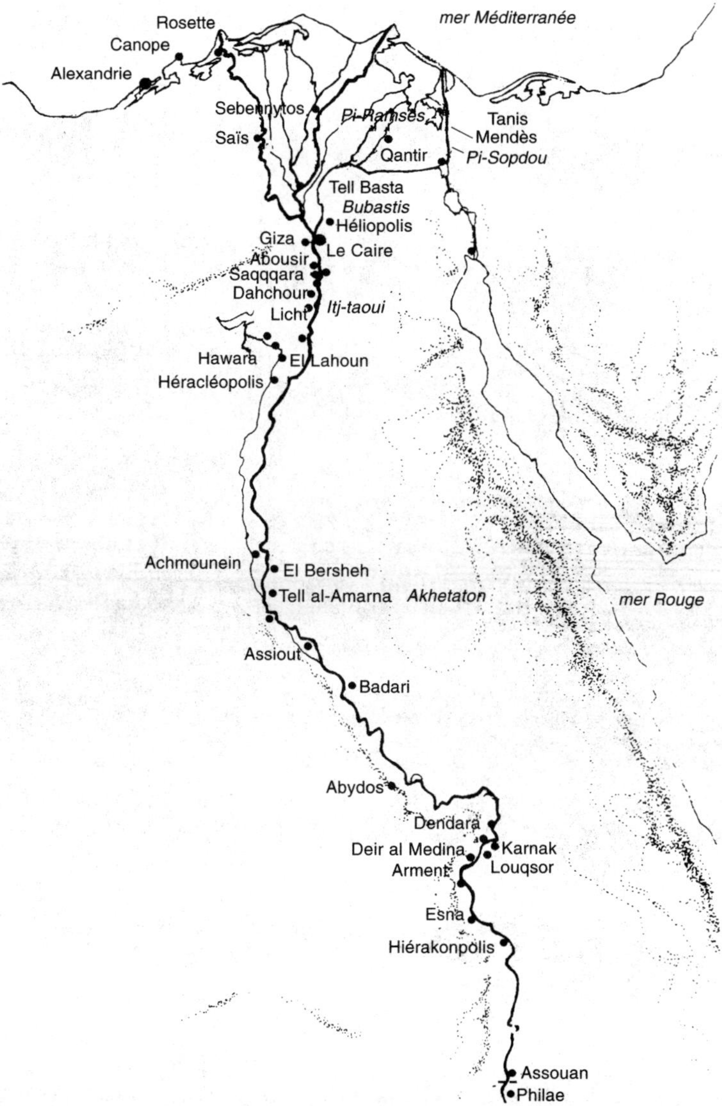
mer Méditerranée
Rosette
Canope
Alexandrie
Sebennytos
Pi-Ramsès
Tanis
Mendès
Pi-Sopdou
Saïs
Qantir
Tell Basta
Bubastis
Héliopolis
Giza
Le Caire
Abousir
Saqqqara
Dahchour
Licht
Itj-taoui
Hawara
El Lahoun
Héracléopolis
Achmounein
El Bersheh
Tell al-Amarna
Akhetaton
mer Rouge
Assiout
Badari
Abydos
Dendara
Deir al Medina
Karnak
Arment
Louqsor
Esna
Hiérakonpolis
Assouan
Philae

Chronologie

Dates	Égypte	Mésopotamie
3500	DYNASTIE 0 : parmi les premiers souverains, Scorpion, Iry-Hor, Ka.	
	ÉPOQUE THINITE (3150-2700 av J-C) Capitale à Memphis.	
3000	Ire dynastie (3150-2925) : sept pharaons de Ménès (Narmer) à Qaâ.	ÉPOQUE PROTODYNASTIQUE (vers 3000) Comptabilité et écriture ; contacts avec l'Égypte.
	IIe dynastie : sept pharaons de Hotepsekhemoui à Khâsekhemoui (2925-2700).	
	ANCIEN EMPIRE (2700-2200)	ÉPOQUE DES DYNASTIES ARCHAÏQUES (2900-2650) Cités-États indépendantes (première dynastie d'Ur, dynastie de Lagash).
	IIIe dynastie : six pharaons de Nebka, puis Djoser à Houni (2700-2625).	
	IVe dynastie : six ou sept pharaons de Snéfrou à Skepsekaf dont Chéops, Chéphren et Mykérinos (2625-2510).	
2500	Ve dynastie : neuf pharaons d'Ouserkaf à Ounas (2510-2460).	
	VIe dynastie (2460-2200) : sept souverains de Téti Ier à une reine Nitocris, dont Pépi Ier et Pépi II.	EMPIRE SÉMITIQUE D'AGADÉ (2330-2100) Fondé par Sargon le Grand, qui est suivi de trois souverains dont Naram-Sîn.
	PREMIÈRE PÉRIODE INTERMÉDIAIRE (2200-2061)	
	VIIe dynastie et VIIIe dynasties : La première est sans doute fictive. Manéthon (prêtre et historien égyptien) lui attribue 70 rois ayant régné 70 jours. La capitale de la seconde est à Memphis ; selon les sources 8 à 27 souverains (2200-2160).	Invasion des montagnards Guti (2200). Période d'anarchie.
	IXe-Xe dynasties au Nord, à Héracléopolis. Plus de six pharaons dont trois Khéti (2160-2040).	TROISIÈME DYNASTIE D'UR, PÉRIODE NÉO-SUMÉRIENNE. (2100-2000) Premières arrivées des sémites Amorites.
	Début de la XIe dynastie : Montouhotep et les Antef à Thèbes. La Moyenne-Égypte, ainsi que la Basse-Égypte, est sous l'autorité des rois héracléopolitains. Des Asiatiques pénètrent dans le Delta (2040-2061).	
2000	MOYEN EMPIRE (2061-1785) Fin de la XIe dynastie (2061-1991) : trois	DYNASTIES AMORITES RIVALES (2000-1750) Dynasties de Isin, de Larsa,

Dates	Grèce	Levant
3500		
3000	CIVILISATION DES ÎLES DES CYCLADES ou ÂGE DU BRONZE (3200 à 2000) Travail du métal introduit par les populations venues de l'Est.	CIVILISATION CANANÉENNE DU BRONZE ANCIEN (vers 3000) Villes fortifiées. Égyptiens à Byblos.
2500		Destruction de la civilisation du Bronze Ancien par les Amorites : coalition d'Élamites et de Sémites de l'Ouest (vers 2200).
2000	Troubles divers (dont des mouvements de population) qui entraînent une période de régression.	Intervention des Égyptiens du Moyen Empire en Syrie : échanges

Chronologie

Dates	Égypte	Mésopotamie
1900	Montouhotep ; Montouhotep II réunifie l'Égypte en 2040.	d'Eshnunna, d'Assur puis de Babylone.
	XIIe dynastie : six pharaons s'appelant Amenenhmat ou Sésostris (1991-1785).	
1700	SECONDE PÉRIODE INTERMÉDIAIRE (1785-1552)	Hégémonie de Babylone (1750-1600). Hammurabi réunifie la Mésopotamie méridionale que ses cinq successeurs maintiennent.
	XIIIe et XIVe dynasties (1785-1633) : quelque quarante pharaons dont plusieurs Sebkhotep. Certains ont dû régner parallèlement dans le nord, le centre et le sud de l'Égypte.	
	XVe et XVIe dynasties Hyksôs : domination des Hyksôs, princes palestiniens ; entre autres, Khian et deux Apophis. (1730-1530)	Époque des Kassites (1600-1100). Prise de Babylone. Division de la région en petits royaumes (mitannien, hourrite…).
1500	XVIIe dynastie à Thèbes et dans les environs (1650-1552), quinze souverains vassaux des Hyksôs. Les trois derniers Taa Ier, Taa II et Kamosis commencent la lutte contre les Hyksôs du Nord.	
	NOUVEL EMPIRE (1552-1069)	
	XVIIIe dynastie : quatorze souverains de Ahmosis à Horemheb dont les Thoutmosis et les Amenhotep, la reine Hatshepsout, Akhénaton (ou Amenhotep IV : nouvelle capitale à Amarna et nouveau dieu Aton) et Toutankhamon (1552-1314 ou 1295).	L'Assyrie, avec Assur pour capitale, prend son indépendance et affirme son importance vers l'ouest et contre Babylone.
	XIXe dynastie : huit pharaons dont Ramsès Ier, Séthy Ier, Ramsès II, puis Mérenptah et Séthy II (1295-1188).	Ravage de la Babylonie par Shutruk-Nahunté, roi d'Élam.
1000	XXe dynastie : dix souverains, tous du nom de Ramsès (de III à XI), sauf le premier Sethnakht (1188-1069).	Renouveau de Babylone par Nabuchodonosor Ier. Luttes entre l'Assyrie et la Babylonie.
	TROISIÈME PÉRIODE INTERMÉDIAIRE (1069-715) XXIe dynastie (1069-945) : souverains à Tanis dont Smendès, Psounesennès Ier et II. Grands prêtres à Thèbes dont Hérihor et Pinedjem.	Invasions des nomades araméens.

Dates	Grèce	Levant
1900	CIVILISATION CRÉTOISE OU ÂGE DU MINOEN (2000 à 1630) La Crète entretient des relations commerciales avec l'Égypte et l'Orient.	commerciaux et influences artistiques. ROYAUMES AMORITES À Alep et Alalakh.
1700	Civilisation des premiers palais crétois. Écriture de type hiéroglyphique, puis syllabique (linéaire A).	PÉRIODE DES HYKSOS Apogée de la civilisation du Bronze Moyen. Conquête de la Syrie par les Égyptiens du Nouvel Empire. BRONZE RÉCENT
1500	CIVILISATION MYCÉNIENNE OU HELLADIQUE RÉCENT (1600-1050). Première notation du grec (linéaire B). Organisation palatiale autour de Pylos, Thèbes, Mycènes, Tirynthe.	
1300	Divers troubles (1300-1200) entraînent la fin de la civilisation mycénienne. Disparition de l'écriture.	Alphabet cunéiforme à Ugarit (vers 1300).
1200	Date légendaire de la prise de Troie (1184).	Invasions des "peuples de la mer" arrêtés ensuite en Égypte.
1000	PÉRIODE OBSCURE OU ÂGE DU FER (1050-900) PÉRIODE ARCHAÏQUE (900-490) Naissance de la cité et installation progressive des régimes aristocratiques.	ROYAUME D'ISRAËL Rois Saül, David, Salomon. Division du royaume d'Isaël :

Chronologie

Dates	Égypte	Mésopotamie
800	XXIIe et XXIIIe dynasties libyennes : entre autres, Sheshonq I à V, Osorkon I à IV et Takelot I à III (945-715).	EMPIRE ASSYRIEN (fin du Xe siècle-609) autour d'Assur, Nimrud puis Ninive. Les grands rois sont Sargon II et Assurbanipal qui conquiert l'Égypte.
	XXIVe dynastie fondée à Saïs par Tefnakht à qui succède Bocchoris (727-715).	
	RENAISSANCE ÉTHIOPIENNE ET SAÏTE (747-525)	
	XXVe dynastie éthiopienne : entre autres, Piankhi (Peye), Chabaka et Taharka (747-656).	
		Chute de Ninive (612).
	XXVIe dynastie saïte : Pasmmétique Ier à IV, Néchao Ier et II, Apriès et Amasis (672-525).	EMPIRE NÉO-BABYLONIEN (609-539) Nabuchodonosor II
500	PREMIÈRE DOMINATION PERSE (525-404)	EMPIRE PERSE (538-334) Babylone est vaincue par Cyrus et la Mésopotamie intégrée dans l'Empire perse.
	XXVIIe dynastie perse : Cambyse, Darius Ier, Xerxès et Artaxerxès Ier, Darius II et Artaxerxès II.	
	DERNIÈRES DYNASTIES ÉGYPTIENNES (404-343)	
	XXVIIIe dynastie : un seul pharaon Amyrtée (404-398).	
	XXIXe dynastie mendésienne : quatre souverains dont deux Nephéritès, Psammouthis et Achoris (399-380).	
	XXXe dynastie : à Sebennytos, trois pharaons Nectanébo Ier et II et Téos (380-343).	
	SECONDE DOMINATION PERSE (343-332) Trois souverains perses gouvernent l'Égypte : Atarxerxès III, Arsès et Darius III.	
	SOUVERAINS MACÉDONIENS (332-305) Conquête et règne d'Alexandre le Grand (332) puis deux autres souverains : Philippe Arrhidée et Alexandre, fils d'Alexandre. Satrapie de Ptolémée.	Conquête d'Alexandre le Grand (334-330)
300	ÉGYPTE PTOLÉMAÏQUE (305-30)	

Dates	Grèce	Levant
800	Création de l'alphabet grec. Vague de colonisation en Occident, puis en mer Noire et en Afrique.	Mésha, roi de Moab. Royaumes araméens en Syrie.
	Apogée de la poésie épique et lyrique. Naissance de la philosophie et de la science en Ionie.	Prise de Damas par les Assyriens.
	Premiers jeux Olympiques (776).	Prise de Samarie par les Assyriens (722).
		Prise de Tyr par les Assyriens. Expansion de la civilisation phénicienne en Méditerranée occidentale.
	Archontat de Solon à Athènes (592). Tyrannies de Pisistrate à Athènes, de Polycrate à Samos.	Prise de Jérusalem par Nabuchodonosor II (587).
500	Instauration des premières instances démocratiques à Athènes par Clisthène (509).	EMPIRE PERSE Retour des captifs, religion juive autorisée.
	PÉRIODE CLASSIQUE (490-438)	
	Guerres médiques (499-478).	
	Loi sur la citoyenneté athénienne (450).	
	Périclès stratège à Athènes (443-429).	
	Guerres du Péloponnèse (431-404) Capitulation d'Athènes. Crise politique (404).	
	Montée en puissance de la Macédoine (357-338).	
	Défaite des Athéniens et des Béotiens face à Philippe de Macédoine (338).	
	RÈGNE D'ALEXANDRE LE GRAND (336-323)	Conquête d'Alexandre le Grand (334-330).
	Période hellénistique (323-31).	
300		

Glossaire

Amon Dieu local de Thèbes, qui prend toute son importance à partir du Moyen Empire et surtout au Nouvel Empire. Il devient alors le dieu dynastique des pharaons thébains, puis le dieu principal du pays. À cette époque, il est particulièrement vénéré à Karnak et prend les caractéristiques du démiurge solaire d'où son autre nom d'Amon-Rê.

Anubis Représenté par un chien ou un chacal ou par un homme à tête de chien, Anubis est responsable des pratiques d'embaumement et gardien des nécropoles.

Apis Taureau adoré à Memphis, garant, avec le roi, de la fertilité du pays puis porte-parole du dieu Ptah, Apis est un dieu très écouté à la Basse Époque.

Apophis Serpent ou dragon géant habitant le ciel. Il attaque chaque jour le soleil, lequel est toujours victorieux grâce à l'aide d'autres divinités.

Aton D'abord personnification du disque solaire, il représente l'apparence visible du divin. Sous Aménhotep IV (XVIIIe dynastie) qui prend le nom d'Akhénaton ("celui qui est agréé par Aton"), il supplante Amon et devient le dieu unique adoré à Tell al-Amarna.

Atoum Dieu d'Héliopolis qui représente l'aspect primordial du démiurge solaire vieillissant, tandis que Rê représente le soleil dans toute sa force, Atoum s'appelle à partir du Nouvel Empire Rê-Atoum et devient le dieu auquel tous les dieux désirent ressembler pour son caractère démiurgique.

Bès Dieu de la joie et de la danse, représenté sous la forme d'un nain difforme et grotesque, Bès effraie les forces nuisibles et assiste les naissances.

Chou Dieu de l'air issu de l'Ennéade d'Héliopolis, père de Nout et frère de Tefnout; il représente l'espace qui permet la diffusion de la lumière solaire.

Ennéade C'est à l'origine le groupe des neuf dieux d'Héliopolis créés par le démiurge Atoum. Par extension, le terme désigne un groupe de dieux issus d'une même famille locale.

Geb Dieu de la terre, frère de Nout et modèle de la royauté héréditaire à Héliopolis, Geb est aussi le dieu des espaces souterrains et protège les morts.

Ha Deux dieux semblent avoir porté ce nom dont le dieu du désert.

Hâpy Personnification de la crue du Nil et symbole de la fécondité et de l'abondance. On le représente avec un ventre replet, des seins de femme et une triple tige de papyrus.

Hathor Déesse céleste souvent représentée par une vache. Son nom qui signifie "château d'Horus" désigne l'espace clos dans lequel l'Horus solaire – habituellement son époux – se déplace.

Héqet Déesse à tête de grenouille, invoquée pendant les accouchements.

Rê-Horakhty Rê identifié à Horus et représenté sous la forme d'un homme à tête de faucon.

Horus Plusieurs dieux ont porté ce nom. Horus est d'abord le dieu du ciel, généralement époux d'Hathor. C'est ensuite le dieu solaire et dynastique symbolisé par un faucon vénéré à Edfou. Mais il est surtout connu comme fils d'Isis et d'Osiris qu'il venge contre Seth.

Isis Épouse de son frère Osiris dont elle rassemble les membres après son assassinat par son frère Seth et protège le tombeau. Elle est représentée en pleureuse ou allaitant Horus, le fils posthume qu'elle a eu d'Osiris. Au fil des dynasties, on lui attribue un rôle dans la renaissance d'Osiris.

Khnoum Dieu à tête de bélier, symbole de la force créatrice, ayant modelé, sur son tour de potier, le monde et les hommes.

Khonsou Dieu lunaire coiffé de la double couronne ou du disque lunaire adoré à Thèbes. Il est le Dieu-fils dans la triade composée avec Amon et Mout.

Maât Déesse de la justice et représentation de l'équilibre cosmique, elle garantit le maintien de l'ordre du monde.

Montou Dieu guerrier à tête de faucon, adoré surtout dans la région de Thèbes.

Mout Épouse thébaine d'Amon dans la triade formée avec leur fils Khonsou. Elle joue le rôle de la déesse mère et porte une tête de vautour.

Nephtys Sœur d'Isis et d'Osiris, épouse de Seth, elle aide Isis à rassembler les membres d'Osiris.

Noun Personnification de l'Océan primordial d'où naquit la création et où s'abritait le démiurge. Il renferme des forces négatives et positives.

Nout Déesse du ciel complémentaire de son frère Geb avec lequel elle a eu cinq enfants : ce sont les "Enfants du désordre" dont les disputes perturbent l'ordre de la création.

Osiris Assassiné par son frère Seth, il ressuscite grâce à sa sœur-épouse Isis qui rassemble ses membres. Il devient alors le dieu des morts et sa mort est célébrée chaque année comme un renouvellement général. Il est représenté dans un linceul les bras croisés tenant le fléau et le sceptre-crochet.

Ptah Dieu adoré à Memphis et considéré comme le démiurge ayant créé le monde par la parole et la pensée. Patron des artisans, il est figuré comme une momie dont seules les mains sont visibles.

Rê Dieu-soleil vénéré à Héliopolis ; l'iris de son œil représente le soleil. Il est associé à Atoum qui ne représente le soleil que sous la forme vieillissante. Il prête parfois ses caractéristiques démiurgiques et solaires à d'autres dieux.

Sekhmet Déesse à tête de lionne caractérisée par un double aspect bienveillant et destructeur : si son rôle est d'écarter les ennemis du créateur, elle menace chaque année l'équilibre du monde par ses forces destructrices.

Seth Dieu frère et assassin d'Osiris, finalement vaincu par Horus. Considéré progressivement comme le responsable des troubles cosmiques, il est le dieu le moins populaire d'Égypte (sauf sous les Ramessides).

Sokaris Divinité funéraire de Memphis, identifié à Ptah : il est aussi patron des artisans, surtout lié au travail du bois et des métaux.

Tefnout Déesse lionne. Incarne l'humidité et l'air. Sœur et épouse de Chou, formant le premier couple engendré par le démiurge.

Thot Dieu lunaire, et en conséquence du calcul et de l'écriture, patron des scribes. Il joue le rôle d'intermédiaire entre les dieux, en particulier dans le conflit entre Horus et Seth. Il est figuré sous les traits d'un ibis ou d'un babouin.

Thouéris Divinité très populaire veillant sur la naissance et les enfants. Elle a un corps d'hippopotame.

Index

Index

Table des illustrations

déjà parus

Penser l'univers

par Jean-Pierre Verdet

Les Grecs et leur monde

par Pierre Brulé

Découvertes Gallimard
Direction : Pierre Marchand
et Elisabeth de Farcy

Découvertes Texto
Direction : Paule du Bouchet
Graphisme : Alain Gouessant et Hélène Arnaud
Couverture : Yann Leduc
Fabrication : Claude Cinquin
Promotion-Presse : Valérie Tolstoï
Edition : Béatrice Peyret-Vignals
Maquette : Jérémie Le Rolland
Iconographie : Emilie de Lanzac
Lecture-Correction : Pierre Granet